MW01715449

LES ANNÉES FOLLES

Photo de couverture :
Deauville, 1919 : Gaby Deslys et Harry Pilcer
sur le tournage du film *Le Dieu du hasard*.
Photographie de Jacques-Henri Lartigue.
Ph © Association des amis de J.-H. Lartigue.

L'auteur et l'éditeur tiennent à remercier de leur précieuse collaboration
Martine Godet et l'Iconothèque russe et soviétique (E.H.E.S.S.).

Abréviations des sources iconographiques
B.P.K. : Bildarchiv Preussischer Kulturbesitz
A.K.G. : Archiv für Kunst und Geschichte

ISBN 2-203-61010-7
Dépôt légal : avril 1994 ; D. 1994/0053/84
Tous droits réservés. Toute reproduction, même partielle, de cet ouvrage est interdite. Une copie ou une reproduction par quelque procédé que ce soit, photographie, microfilm, bande magnétique, disque ou autre, constitue une contrefaçon passible des peines prévues par la loi du 11 mars 1957 sur la protection des droits d'auteurs.

© 1994 Casterman — Giunti Gruppo Editoriale, Firenze.

Monet
May '99
$17.95

909.822
GOL

ANNIE GOLDMANN

LES ANNÉES FOLLES

DISCARDED

[redacted]

XXE SIÈCLE

casterman ■ GIUNTI

L'EUROPE APRÈS LA PREMIÈRE

GUERRE MONDIALE (1918-1923)

Introduction

1919 — 1929

DIX ANNÉES DE FRÉNÉSIE

SUR FOND DE CRISE, LA DÉCENNIE QUI SUIT LA GRANDE GUERRE MEURTRIÈRE A ÉTÉ VÉCUE COMME UNE PÉRIODE DE BOULEVERSEMENTS, DE JOIE DE VIVRE ET DE MODERNISME. LA MÉMOIRE EN A GARDÉ LE TERME D'"ANNÉES FOLLES".

La décennie qui suivit la fin de la Première Guerre mondiale jusqu'au krach boursier de Wall Street en 1929 a été vécue par les contemporains comme une ère de bouleversement dans les mœurs, d'appétit de vivre, de facilité, de modernisme. Elle contrastait tellement avec les années d'avant 1914 que les survivants de la catastrophe guerrière avaient le sentiment de vivre dans un autre monde. En fait, on a pu dire que la guerre avait englouti véritablement le XIXe siècle et que le XXe siècle était né en 1919. C'est, en tout cas, l'impression qu'en eurent ceux qui avaient connu les salons snobs et feutrés du faubourg Saint-Germain, décrits par Marcel Proust dans *A la Recherche du temps perdu*, les calèches à chevaux descendant lentement les Champs-Elysées, l'éducation stricte des jeunes filles, l'opprobre recouvrant la destinée des femmes divorcées, les longs voyages dans des trains poussiéreux, les domestiques obéissants et stylés.

De Paris à Berlin, en passant par New York et Moscou, la coupure avec ce monde fut aussi rapide que brutale ; elle laissa les contemporains étourdis, stupéfaits, mais ils s'enthousiasmèrent très vite pour un mode de vie qui jetait bas bien des tabous et reléguait aux oubliettes des conventions et des rites qu'ils croyaient intangibles.

Durant ces dix années, la technologie moderne pénètre dans la vie quotidienne. C'est l'époque où le téléphone devient automatique, l'avion commence à relier les continents, les grands paquebots confortables et les trains de luxe permettent de longs voyages sans risques. En

Vestige de l'avant-guerre, une calèche parmi les automobiles qui envahissent l'allée au Bois, à Paris, en 1929. Symbole d'un nouveau mode de vie, l'automobile part à la conquête du monde, provoquant l'apparition d'un autre phénomène de la vie moderne : l'embouteillage.
Ph © Keystone

En mai 1927, l'aviateur Charles Lindbergh effectue la première traversée sans escale de l'Atlantique en 33 h 30 mn.

1927, Charles Lindbergh effectue la première traversée de l'Atlantique ; son atterrissage au Bourget, à bord du *Spirit of Saint Louis*, est accueilli par des dizaines de milliers de Parisiens enthousiastes. La première émission de radio a lieu à partir de la tour Eiffel (1921), la télévision fait ses premiers pas expérimentaux sous l'impulsion de l'Ecossais John Logie Baird, la voiture automobile prend définitivement la place de la calèche et, déjà, les utilisateurs se plaignent des embouteillages place de l'Opéra. La science fait des bonds dont les conséquences ne sont pas encore perçues ; Albert Einstein et Niels Bohr reçoivent le prix Nobel, sir Alexander Fleming découvre en 1928 la pénicilline et on met au point de nouveaux vaccins, antidiphtérique et antitétanique. Un nouveau procédé de construction, le béton, transforme l'architecture. Le cinéma devient un divertissement de plus en plus pratiqué par toutes les classes sociales. On prend l'habitude d'aller au restaurant et au café, de vivre vite, d'apprécier la publicité, les machines, le luxe, l'excentrique, le mauvais goût. Les barrières sociales s'estompent, du moins dans le monde de l'argent ; ceux qui n'auraient jamais été “reçus” avant-guerre — grandes couturières, actrices, hommes d'affaires parvenus — sont recherchés, font la mode et jouent le rôle de mécènes. L'argent facile à gagner brasse les couches sociales ; on spécule à la Bourse, dans le commerce, avec tout ce qui s'achète et se vend ; les grandes fortunes s'amassent rapidement et leurs possesseurs en font montre sans vergogne au cours de fêtes somptueuses dont les magazines, qui se répandent de plus en plus, se font l'écho bienveillant.

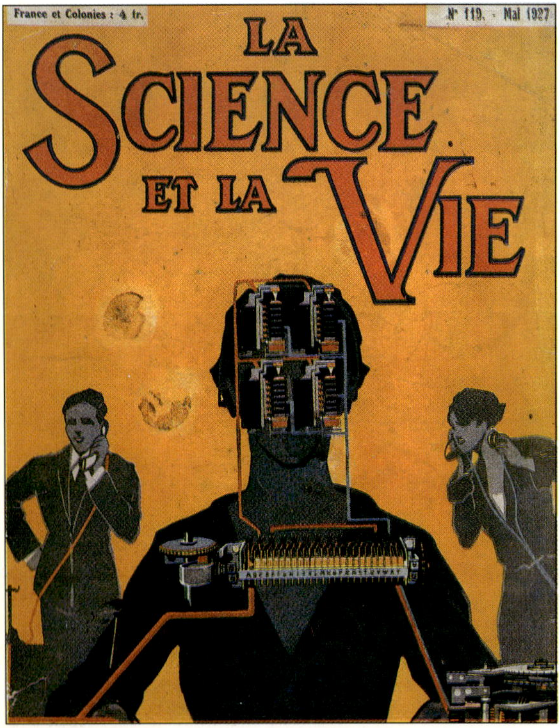

Le jazz et les nouvelles danses font fureur en Europe (ci-dessus, à l'université de Cambridge), tandis que la technologie moderne pénètre dans la vie quotidienne, comme le montre cette couverture de revue scientifique de 1927 (ci-contre). Bientôt, le téléphone va remplacer les lettres que l'on s'envoyait chaque jour.
Ph © Coll. Viollet et ph © J.-L. Charmet

Le début du rêve américain

L'époque est gaie ; soulagés d'avoir échappé au massacre de la guerre, d'en avoir terminé avec les privations, l'angoisse de la mort, jeunes et moins jeunes s'en donnent à cœur joie dans les dancings, les surprises-parties, les bars où les femmes n'ont plus peur de se montrer seules. La libération des mœurs atteint une véritable libération sexuelle. Alors que, jusqu'ici, les femmes protégeaient jalousement la blancheur de leur teint, signe de distinction, la mode du hâle fait fureur ; les élégantes découvrent les stations balnéaires, Deauville et la côte d'Azur, où il est de bon ton de s'exposer au soleil, dans des maillots audacieux, afin de revenir en ville avec un teint doré. Les femmes font du sport, conduisent les automobiles, fument en public et veulent faire des mariages d'amour et non plus de convention comme leurs mères. Les jeunes filles, jadis toujours accompagnées par une gouvernante ou une parente, sortent seules la nuit, s'adonnent jusqu'au petit jour aux nouvelles danses comme le tango — qui permet le contact serré des corps —, le charleston ou le fox-trot où elles sautillent pendant des heures, libérant leurs corps avec frénésie sur les rythmes de jazz importés d'Amérique.

Car l'Amérique est le grand modèle, avec ses voitures automobiles, ses stars de cinéma extravagantes, ses

L'AMÉRIQUE : NAISSANCE D'UN NOUVEL IMPÉRIALISME

"Les Etats-Unis créent un empire économique sur la plus grande partie de la planète grâce à l'excédent de leur balance commerciale, grâce à l'énorme volume de leur commerce extérieur et, enfin, grâce à leurs prêts extérieurs. Ce n'est pas un empire au sens où l'entend le Vieux Monde. Il n'implique ni expansion politique ni menace sur la souveraineté des nations étrangères. Il ne modifie ni les alliances, ni les drapeaux, ni les langues, ni les fidélités politiques. Cependant, année après année, notre pouvoir économique, agissant dans les limites de la politique étrangère américaine, s'est développé au point que les Etats-Unis chevauchent l'hémisphère occidental comme un colosse et étendent leur ombre sur l'Europe et sur l'Asie. Alors que l'Europe et l'Asie s'appuient sur leur force politique et militaire pour obtenir une place au soleil, l'empire américain est intouchable et invulnérable. Il se définit comme une influence sur les mœurs et l'esprit de l'humanité tout entière. Il se renforce chaque fois qu'on installe une nouvelle machine, que l'on danse sur du jazz, chaque fois que l'on vend une balle de coton, que l'on achète une livre de caoutchouc ou que l'on prête un dollar.

(...) La méthode américaine est tout simplement la suivante : ne pas faire de politique et faire confiance au business.

(...) C'est pourquoi, plus largement, la politique extérieure américaine doit exporter nos institutions, nos méthodes et nos idées. Les relations internationales impliquent l'exportation de la démocratie américaine, de l'éducation pour tous, de l'abolition des privilèges du républicanisme, de la prohibition, du système bancaire de la Réserve fédérale, des chaînes de grands magasins, de la production de masse, des hauts salaires, des ventes à crédit, de Marie Pickford, d'Emerson, de Poe, de Whitman, de Charlie Chaplin, de Sinclair Lewis, des gratte-ciel, des automobiles bon marché, du chewing-gum, du *Saturday Evening Post*, de l'aspirateur, de la cuisinière électrique, des broyeurs d'ordures ménagères, des machines à écrire portatives, de la moralité et des exploitations agricoles de monoculture." ■

J. F. Carter, *Conquest : America's painless imperialism*, 1928.

L'Amérique, avec ses gratte-ciel et sa musique syncopée, fait rêver nombre d'Européens. Ci-contre, Chicago à la fin des années vingt ; ci-dessus, Duke Ellington et son orchestre en 1925 au célèbre Kentucky Club *de Broadway, à New York.*
Ph © Coll. Viollet et ph © Harlingue-Viollet

revues de music-hall excitantes ; le piano de Duke Ellington, la voix de Bessie Smith font courir les foules. Tout ce qui vient d'Amérique est admiré, envié. Les réfrigérateurs, les automobiles, le cinéma, le confort ménager. Face à l'Europe épuisée par la guerre, sa richesse et sa puissance éblouissent. Le rêve devient américain ; les modes sont américaines ; le jazz, les danses, les cigarettes, les boissons sont américains.

Devenus les banquiers du monde, les Etats-Unis investissent partout où ils peuvent obtenir le contrôle des produits nécessaires à leur économie. La production de masse se développe, le *business* est roi, chacun veut s'enrichir en investissant dans l'immobilier et, surtout, par le jeu de la spéculation boursière. Des sommes énormes se retrouvent introduites sur le marché financier, qu'elles contribuent ainsi à déstabiliser. Mais les exclus de la prospérité se font toujours plus nombreux : Noirs, immigrants récents, paysans réduits à la misère par la baisse des prix agricoles. Dans le même temps, la riche Amérique connaît une phase de repli sur elle-même et de raidissement moral, pour défendre les valeurs traditionnelles qu'elle estime menacées. En 1919, le Congrès vote la loi sur la prohibition de l'alcool. Aussitôt se

***A** Paris, les peintres se regroupent à Montparnasse et leurs modèles s'attardent dans les cafés comme* Le Dôme *et* La Rotonde. *Ici, Youki Desnos pose pour Foujita.*
Ph © Harlingue-Viollet

développe une gigantesque contrebande et les grandes villes deviennent le champ de bataille de bandes de gangsters qui se disputent les énormes profits que cette législation permet aux clandestins d'accumuler. Les plus fortunés s'encanaillent pour se procurer leur boisson favorite, les scandales éclatent, les ligues de moralité traquent les déviants, surveillent les productions artistiques, en particulier cinématographiques, pour y détecter la moindre atteinte aux “bonnes mœurs et à la morale”. Beaucoup d'écrivains et d'artistes, bénéficiant d'une monnaie forte, choisissent de vivre en Europe, la France en particulier qui leur apparaît comme un havre de paix et de liberté.

Paris, ville cosmopolite

A Paris, la vie intellectuelle et artistique se concentre à Montparnasse. Dans ce quartier de la rive gauche se retrouve la bohème ; les cafés comme *Le Dôme, La Rotonde, La Coupole, Le Jockey* sont le rendez-vous d'une intelligentsia cosmopolite. Les peintres, venus d'Espagne, d'Italie, de Russie, créent ce qui sera appelé plus tard l'Ecole de Paris. Pablo Picasso, Salvador Dalí, Wassily Kandinsky, Marc Chagall, Chaïm Soutine y rencontrent André Masson, Raoul Dufy, Hans Arp et Francis Picabia. Certains qui ne sont pas encore connus vivent dans la misère, d'autres ont déjà atteint la notoriété et démentent le statut de l'artiste maudit cher au début du siècle, que symbolise le célèbre Amedeo Modigliani, mort de maladie et de misère sur ces lieux mêmes. Mais les peintres ne veulent plus nourrir ce mythe. Ils sont courtisés par les collectionneurs et les marchands de tableaux et, déjà, leur signature vaut de l'or.

Les cabarets, les bals imitent la mode nègre — le *Bal nègre*, la *Boule noire* —, ou se spécialisent dans une clientèle homosexuelle qui n'a plus peur d'afficher ses goûts depuis qu'André Gide, écrivain célèbre issu d'une vieille famille protestante, a osé publier *Corydon* où il avoue ses préférences masculines. On s'émerveille de voir se développer un art radiophonique avec du bruitage, des reconstitutions vocales, de véritables créations. Le premier film parlant, *Le chanteur de jazz*, étonne ; les spéculations sur l'avenir du cinéma muet et de ses vedettes vont bon train ; très vite, il devient obsolète. Le music-hall fascine, à cause du luxe des costumes et de l'ingéniosité de la mise en scène copiés sur les grandes revues américaines. Mistinguett et Maurice Chevalier y font salle comble. Dans un éblouissement de plumes d'autruche et de strass, les vedettes chantent la joie de vivre, l'amour, la légèreté du temps.

Toute une colonie d'intellectuels américains élit domicile, dans les petites rues avoisinantes de Montparnasse pour les plus pauvres, dans les grands appartements de la rive droite pour les plus célèbres. Francis Scott Fitzgerald fait partie de ces privilégiés à qui, pour le moment, tout réussit. Une célébrité vite conquise dans son pays par des nouvelles, publiées dans les prestigieux magazines américains, et deux livres, dont *Gatsby le magnifique*, lui assurent gloire et fortune.

Jeune écrivain, attiré par les conditions de vie moins onéreuses qu'en Amérique, Ernest Hemingway s'installe lui aussi à Paris. Ces années seront pour lui les années d'apprentissage qu'il évoquera plus tard dans un livre de souvenirs au titre évocateur : *Moveable feast* (*Paris est une*

A*medeo Modigliani (1884-1920). Il avait tout pour incarner l'artiste maudit : étranger, beau, génial, alcoolique, bohème et aimé des femmes. Sa peinture s'inscrit en marge des courants de l'époque. Il meurt à 36 ans, rongé par la tuberculose et l'alcool. Sa femme, Jeanne Hébuterne, ne lui survivra pas : enceinte, elle se jette par la fenêtre le lendemain de sa mort.*

Ph © Coll. Viollet

fête, 1964). Car, malgré le manque d'argent, les inquiétudes de l'écriture, le jeune écrivain trouve à Paris une atmosphère de liberté intellectuelle et morale, une indépendance, un terreau d'idées qui imprégneront toute son œuvre à venir. *Le soleil se lève aussi*, publié en 1926, lui donnera confiance en le plaçant au rang de ses pairs.

Les Fitzgerald et leur fille Scotty. Brillants, talentueux, ils fuient l'Amérique puritaine et brûlent leurs belles années à Paris, sur la Côte d'Azur et à travers l'Europe. Ecrivain célèbre, Scott forme avec Zelda un couple excentrique et insouciant ; mais, après quelques années, leur vie tourne au désastre : elle deviendra folle, et lui, alcoolique et amer, sera oublié de tous.
Ph © Keystone

Une autre Américaine, Gertrude Stein, vit à Paris avec son amie Alice Toklas. Son salon est le rendez-vous des jeunes peintres et écrivains, français et étrangers. D'un goût très sûr, elle est l'une des premières à collectionner les œuvres de Picasso et des cubistes et sert de mentor aux jeunes Américains fraîchement débarqués dans la capitale. Avec Sylvia Beach, qui tient une librairie-bibliothèque rue de l'Odéon et édite à ses frais *Ulysse* de James Joyce, et Adrienne Monnier, autre libraire cultivée et influente, elle est la marque de l'influence féminine dans la vie littéraire de l'époque. De riches héritières américaines — Nancy Cunard, la belle amie de Louis Aragon, ou Nathalie Clifford Barney — fréquentent le milieu artistique de Montparnasse auquel elles apportent leur esprit d'indépendance et, parfois, leur soutien financier. La “garçonne”, l'héroïne du roman de Victor Margueritte, avec ses robes au genou, sa nuque rasée et son long fume-cigarette, est le modèle obligé des jeunes femmes émancipées à qui la guerre a donné la possibilité de pénétrer dans le monde du travail. A cela s'ajoute l'influence des étrangères, russes, américaines, plus évoluées. En effet, les premières, ayant affronté la fuite de leur pays natal, la déstructuration des liens familiaux, l'incertitude, ont le sens de l'éphémère et du risque. Les secondes, venues en Europe pour échapper à la lourde chape du puritanisme, présentent un mélange inhabituel d'audace et de conformisme.

DEUX TÉMOIGNAGES SUR L'APRÈS-GUERRE

Engagé dans la Première Guerre mondiale, auteur d'un roman retentissant, A l'ouest, rien de nouveau *(1928), l'écrivain allemand Erich Maria Remarque (1898-1970) exprime le désarroi d'une génération face à l'effondrement d'un monde.*

"...A notre retour de la guerre, jeunes sans foi, comme des mineurs remontés d'une galerie effondrée, nous avons voulu marcher contre le mensonge, l'égoïsme, l'avidité, la sécheresse de cœur, causes de tout ce que nous laissions derrière nous... Nous avions été durs, ne nous fiant qu'au camarade à notre côté, plaçant dans les choses l'unique autre confiance qui n'avait jamais déçue : dans le ciel, le tabac et l'arbre et le pain et la terre... Mais qu'en était-il sorti ? Tout s'était écroulé, fabriqué, oublié. Et celui qui ne pouvait oublier, il ne lui restait que la défaillance, le désespoir, l'indifférence et l'alcool. Le temps des grands rêves humains et virils était révolu. Les exploiteurs triomphaient, la corruption, la misère." ■

Erich Maria Remarque, *Les Camarades*, traduit par Marcel Stora, Gallimard, 1938.

Jeune et riche bourgeois parisien, Maurice Sachs fréquente les milieux d'avant-garde et la haute société de l'époque, pour lesquels les "années folles" prennent tout leur sens :

"1921, première année de la grande période de folie, de luxe, de dépenses et d'internationalisme. Jusque-là, on avait craint de montrer sa joie...
La guerre a permis à ceux qui fournissaient les matières premières et aux marchands de canons, d'alimentation, etc., d'acquérir des richesses immenses ? Ils jettent aujourd'hui l'argent par les fenêtres.
Les années passaient vite. Si vite qu'on s'apercevait à peine que des notions nouvelles, des pratiques neuves s'étaient glissées dans notre vie.
Aujourd'hui, Paris, la campagne sont pleines d'automobiles ; le téléphone est automatique et l'on fait du sport. Ce n'est pas pour nous une mince surprise que d'avoir grandi en même temps que le cinéma." ■

Maurice Sachs, *Au temps du Bœuf sur le toit*, Grasset, Paris, 1987.

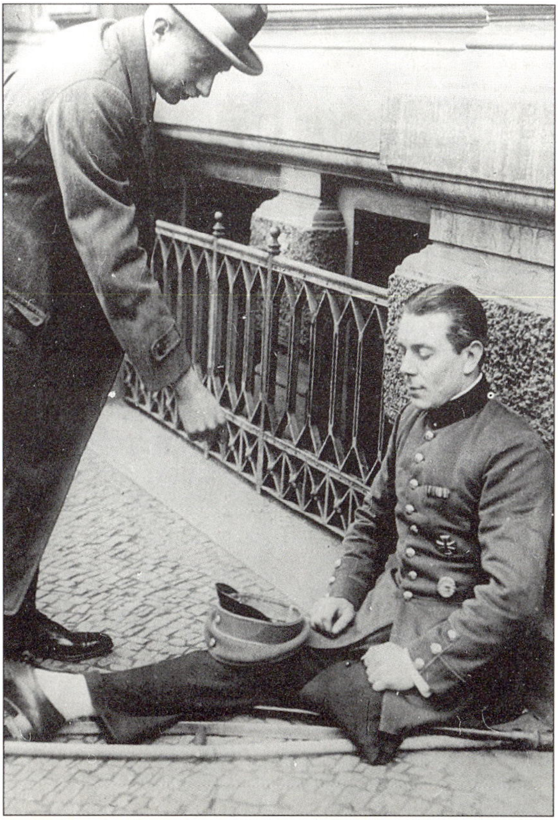

Invalide de guerre mendiant à Berlin, en 1923. La gloire de l'Allemagne — sa caste militaire —, réduite à la misère, va rejoindre le lot des exclus et des chômeurs. Face au luxe des spéculateurs et aux plaisirs de Berlin, elle va développer un sentiment d'amertume et de frustration dont profitera le nazisme naissant.
Ph © A.K.G., Berlin

Manifestation contre le traité de Versailles, à Berlin en 1919, dénonçant "la paix imposée par la force". L'humiliation ressentie par les Allemands face à ce traité ne s'effacera qu'en 1940, lorsque Hitler obligera la France à signer l'armistice dans le même wagon où fut signée la capitulation allemande en 1918, à Rethondes.

Ph © B.P.K., Berlin

Berlin-Moscou : d'une révolution à l'autre

A Berlin, les changements sont encore plus brutaux. Alors que Paris fête la victoire, la capitale allemande vit la défaite dans les convulsions d'une révolution avortée — celle des spartakistes —, l'effondrement de l'Empire, l'instauration de la République et une situation économique désastreuse. A cause peut-être de cette impression de fin du monde, la vie y est intense, agitée, contrastée. Les cabarets ne désemplissent pas, la vie nocturne réunit des gens de tous bords, la liberté sexuelle y est encore plus grande que partout ailleurs. Berlin offre un kaléidoscope cosmopolite où la liberté s'affiche comme un défi. C'est la revanche des créateurs, de l'intelligentsia et de tous ceux et celles qui gravitent autour, sur le conformisme étroit et timoré de la vieille génération.

Pendant ce temps, à Moscou, on vit dans l'enthousiasme de la révolution et la certitude de créer une société nouvelle, libre, débarrassée des préjugés de l'ancien régime. Les lois sur le divorce, l'avortement, le travail des femmes, les difficultés terribles de la vie quotidienne brisent le carcan des anciennes habitudes et des conventions. Unions libres, divorces rapides, floraison intellectuelle et artistique, le début des années vingt offre un laboratoire bouillonnant d'idées, d'initiatives et d'audaces, que même Paris et Berlin n'atteignent pas. La vie y est difficile, peut-être, mais intense. Mais dès 1925, la lutte pour le pouvoir qui s'était manifestée jusque-là de manière feutrée devient de plus en plus féroce, et l'illusion de changer la vie se noiera dans la répression, la censure, la mise au pas par la force et la mort des idéalistes révolutionnaires, le rétablissement progressif des canons de la vie et de la morale bourgeoises.

Par rapport aux tragiques événements qui vont marquer les années trente, cette décennie apparaît comme un havre de gaîté et d'insouciance. Les contemporains l'ont vécue dans la certitude que la guerre atroce qui avait fauché une génération serait la "der des der", que le monde ne se lancerait plus jamais dans une telle entreprise de destruction. Avec le recul, une telle assurance apparaît bien naïve, mais ces années trépidantes, à cause de leur insouciance même et d'une vraie joie de vivre plus jamais atteinte depuis, méritent bien le terme d'"années folles".

Char de propagande avec maquette de la tour de Vladimir Tatlin sur la place Ornitzky, à Léningrad, le 1er mai 1925. A l'imitation de la Révolution de 1789, le régime soviétique organise de grandes fêtes avec spectacles, mises en scène et décors grandioses pour stimuler l'enthousiasme des foules.
Coll. part. Ph © X-D.R.

Chapitre 1

PARIS-BERLIN-MOSCOU : LA VIE CULTURELLE EN ÉBULLITION

LA CATASTROPHE GUERRIÈRE A PROFONDÉMENT ÉBRANLÉ LES CONSCIENCES, PROVOQUANT UNE CRISE DES VALEURS MORALES. D'UN BOUT À L'AUTRE DE L'EUROPE, INTELLECTUELS ET ARTISTES SE PRENNENT À RÊVER DE TRANSFORMER LE MONDE PAR L'ART.

Le provincial qui, au début des années vingt, arrive à Berlin pour revoir la capitale de l'empire déchu subit un choc. Malgré la pénurie, la pauvreté, la défaite, la ville semble prise de frénésie. La vie nocturne y est intense, les cabarets ne désemplissent pas. Les femmes fument en public, fréquentent les boîtes de nuit, dansent le charleston ; habillées de manière provocante et excentrique, parfois même en hommes, elles ne se gênent pas pour braver les conventions sociales. Berlin est la capitale européenne des plaisirs. Les spectacles érotiques en tous genres sont légion, les drogues y circulent ouvertement. Artistes, acteurs, écrivains, journalistes, femmes du monde déclassées, prostituées s'y côtoient chaque soir. Une soif de plaisir, une liberté jamais connue jusqu'alors attirent dans la grande ville l'intelligentsia allemande et étrangère, en particulier d'Europe centrale, venue oublier les horreurs de la guerre et la honte de la défaite.

L'effervescence politique allemande

Les cafés sont les lieux de rencontre obligés et quotidiens. Critiques, écrivains, journalistes s'y retrouvent selon leurs affinités politiques pour y discuter passionnément de la situation économique et politique du pays. La jeune République de Weimar y subit les critiques virulentes de tous bords. La gauche — communiste et extrême gauche — ne pardonne pas au gouvernement social-démocrate sa responsabilité dans l'assassinat des deux leaders spartakistes Karl Liebknecht et Rosa Luxemburg

Fête d'artistes dans la galerie Der Sturm *à Berlin, vers 1923 ; aux murs, des œuvres de Sonia Delaunay. Dans une atmosphère de liberté totale, on oublie les difficultés du moment. Artistes, femmes du monde et demi-mondaines se mêlent et s'enivrent d'une permissivité toute nouvelle.*
Ph © B.P.K., Berlin

Suivant l'exemple de la Russie, des révolutions éclatent, entre 1918 et 1919, tant en Hongrie qu'en Allemagne. Dans ces deux pays, elles seront écrasées rapidement. Ici, un camion armé de mitrailleuses transporte un groupe de "Spartakistes" (socialistes révolutionnaires) devant la porte de Brandebourg à Berlin.
Ph © Arch. Giunti

par les corps francs de l'extrême droite en 1919, la brutale répression après la tentative d'instauration d'une république soviétique en Bavière, ses choix réformistes et son manque de fermeté envers les forces conservatrices du pays. La droite tient le gouvernement pour responsable de l'inflation vertigineuse, de la transformation des mœurs et, surtout, du traité de Versailles qu'elle juge humiliant. Les intellectuels se répartissent selon ces clivages idéologiques et, à l'intérieur d'une même famille de pensée, groupes et sous-groupes s'affrontent sur la signification de la révolution bolchevique, le cinéma expressionniste, la musique dodécaphoniste, le caractère révolutionnaire ou réformiste de la classe ouvrière. L'agitation intellectuelle, la floraison de créations artistiques, le tourbillon des idées et des plaisirs font de Berlin, au début des années vingt en tout cas, un lieu d'attraction où affluent intellectuels, provinciaux et touristes. Mais cette activité se fait dans une atmosphère de conflits, d'affrontements passionnés qui met aux prises les intellectuels de gauche et ceux de droite à coups d'invectives, d'insultes, d'attaques personnelles, tandis que, profitant des divisions de la gauche et de l'indulgence de la droite, le nazisme fait peu à peu son chemin et prendra le pouvoir par des élections légales en 1933.

Les intellectuels de gauche, écrivains, artistes, journalistes, professions libérales, rejettent la jeune République de Weimar parce qu'elle leur semble trop modérée, soucieuse de l'ordre établi, composée de bureaucrates opportunistes qui ne s'intéressent pas à la culture. De leur côté, les sociaux-démocrates au pouvoir les considèrent comme des irresponsables éloignés des réalités ; quant aux communistes, engagés jusqu'à la fin des années vingt dans le combat contre les sociaux-démocrates — qu'ils considèrent comme leurs pires ennemis — et obnubilés par la révolution bolchevique toute proche, ils se radicalisent de plus en plus. Peut-être à cause de ces conflits, jamais la vie intellectuelle ne fut aussi vivante en Allemagne qu'à cette époque. Revues, journaux, cercles littéraires, groupes d'études, théâtres, cabarets littéraires font circuler les œuvres et les idées, stimulent les discussions, publient des pamphlets auxquels répondent immédiatement d'autres pamphlets tout aussi virulents. La gauche ridiculise les vieilles traditions, tourne en dérision les travers de ses contemporains : chauvinisme, militarisme, esprit étroit, fermeture au progrès. De l'autre côté, la droite accuse les intellectuels de gauche de mener le pays à la décadence en prônant l'amour libre, le droit à l'avortement et le cosmopolitisme — car ces derniers admirent la culture française et américaine.

L'originalité des philosophes marxistes

Les intellectuels de gauche sont les plus nombreux, mais aussi les plus divisés. Il y a ceux qui sont proches du parti communiste — et parfois en sont membres —, ceux qui partagent les thèses marxistes mais ne s'y cantonnent pas entièrement, et les modérés, de culture plus traditionnelle mais de sensibilité de gauche, qui se définissent comme des humanistes se refusant à rejeter la culture "bourgeoise" mais ne se reconnaissant pas dans la droite classique.

Parmi les marxistes, les philosophes occupent une place de choix ; ce sont eux qui vont élaborer les œuvres les plus originales et les plus importantes de ce courant, car ils bénéficient des expériences politiques récentes, comme la révolution spartakiste et celle de Béla Kun en Hongrie, et d'un climat relativement libéral à l'intérieur du parti communiste (les choses chan-

Chefs du mouvement spartakiste qui avaient déclenché le soulèvement révolutionnaire, Karl Liebknecht et Rosa Luxemburg sont assassinés le 15 janvier 1919 par les Corps francs dans les rues de Berlin.

2 Ph © A.K.G., Berlin

LE CABARET OU LE TALENT DE L'INSOLENCE

Une forme particulière de spectacle fait la renommée de Berlin et attire les étrangers : le cabaret. Il ne s'agit pas de revue à grand spectacle comme il en existe à Paris, mais d'un petit théâtre où les spectateurs en nombre restreint entourent la scène, ce qui crée une intimité avec les acteurs. Cette forme d'art mineur est appréciée aussi bien par l'élite que par les classes populaires. On y donne des chansons, des dialogues, des monologues, des pantomimes, des petites représentations de marionnettes, toutes ces formes ayant une caractéristique qui fait leur succès : la satire politique et sociale. Provocateurs, iconoclastes, les auteurs et compositeurs font du cabaret un véritable tribunal politique, tirant à boulets rouges aussi bien sur la droite que sur les sociaux-démocrates, ridiculisant leurs dirigeants sous la forme parodique du spectacle de cirque ou du combat de boxe. L'absence presque totale de censure et leur brillant talent permettent toutes les audaces. Les chansons de Kurt Tucholsky, célèbre satiriste, de Friedrich Hollaender — qui composa celle de Marlène Dietrich dans *L'Ange bleu* —, les marionnettes du caricaturiste Georg Grosz sont connues de tout Berlin. Chaque semaine apporte sa moisson de bons mots, de blagues, de jeux de mots, de "mises en boîte". Plus destructeur que constructeur, le cabaret ridiculise les revanchards, les antisémites, les politiciens, les bourgeois. Mais cette floraison de talents insolents va payer cher son esprit d'indépendance. Lorsque les nazis prendront le pouvoir (ils ferment les cabarets en 1935), ces intellectuels soit partiront en exil, soit périront dans les camps de la mort : Paul Morgan à Buchenwald en 1938, Fritz Grünbaum à Dachau en 1941, Kurt Gerron à Auschwitz en 1944, ainsi que Max Eherlich, Willi Rosen et Otto Walberg ; quant à Paul Nikolaus et Kurt Tucholsky, plutôt que de tomber aux mains de leurs bourreaux, ils se suicideront. Grâce à eux cependant, à leur créativité, à leur esprit non conformiste, le cabaret berlinois est inséparable de l'éclat des années vingt... ■

Das bist du, *revue écrite par Friedrich Hollaender, vers 1925.*
Ph © A.K.G., Berlin

geront à partir de 1929 et du tournant stalinien en URSS). György Lukács, originaire de Hongrie où il participa au gouvernement de Béla Kun en 1919 comme commissaire à la Culture, est l'un des plus importants intellectuels marxistes et un membre éminent du parti. Il publie en 1923 *Histoire et conscience de classe*, qui prend à contre-pied certains dogmes de la théorie léniniste et se sert de concepts encore peu développés comme la réification et la conscience de classe. Violemment attaqué pour son indépendance d'esprit par les politiques du parti, Lukács choisit de se rétracter, renie son livre, abandonne la politique et se consacre à des études sur la littérature. “La politique n'est que le moyen, disait-il, la fin, c'est la culture.” En 1933, il fera partie des intellectuels qui choisiront l'exil en URSS ; il survivra au stalinisme par sa soumission aux dogmes du parti, retournera en Hongrie après la guerre, deviendra brièvement commissaire à la culture dans le gouvernement Nagy lors de la révolte de 1956, puis sera placé en résidence surveillée par les Soviétiques venus mettre au pas la rébellion hongroise. Son périple constitue un modèle, celui de l'intellectuel communiste lié au parti tout en sachant les limites que cet attachement apporte à sa propre créativité. Son livre reste un classique de philosophie marxiste “hérétique”, même si son auteur finit par le renier sous la pression.

D'autres philosophes illustrent ce courant qui se rattache au marxisme mais ne se plie pas aux diktats du parti lorsqu'il s'agit de théorie. Ainsi en est-il de Karl Korsh, avec *Marxisme et philosophie*, qui, tout en étant rigoureusement marxiste, prend ses distances avec Lénine ou bien d'Ernst Bloch avec *L'Esprit de l'utopie*, en réalité très éloigné des thèses marxistes, mais dont l'esprit et le style prophétique conviennent aux idéologues du parti communiste.

A Francfort, l'Institut de Recherches sociales, constitué grâce à un mécène, devient une pépinière de penseurs proches du marxisme mais menant leur propre réflexion. Il restera dans l'histoire des idées sous le nom d'Ecole de Francfort, avec Theodor Adorno, Max Horkheimer, Herbert Marcuse, Eric Fromm, Léo Löwenthal, Siegfried Kracauer, Franz Neumann et Walter Benjamin, pour ne citer que les plus connus. Proches du marxisme, ils déve-

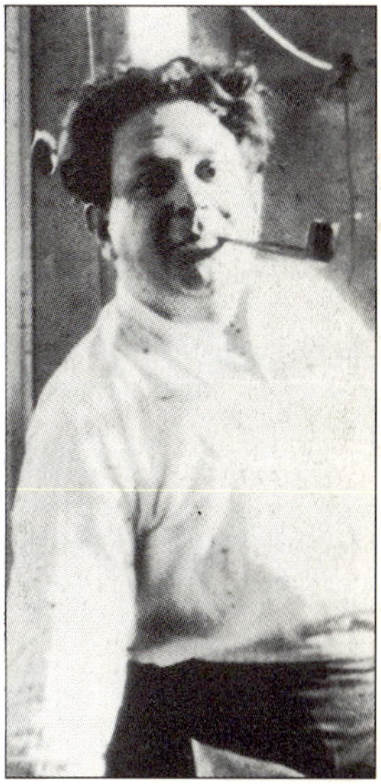

Kurt Tucholsky est l'un des plus célèbres animateurs du cabaret politique. Sa verve, son ironie, son audace n'épargnent aucun dirigeant politique. A l'arrivée des nazis au pouvoir, il se suicidera plutôt que de tomber entre leurs mains.
Ph © A.K.G., Berlin

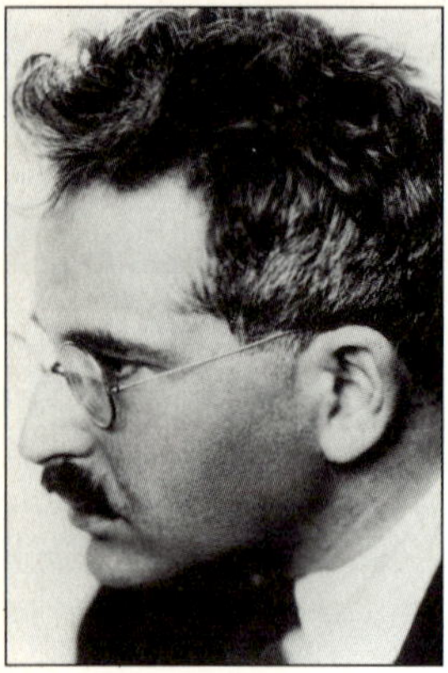

La pensée marxiste non conformiste est très développée en Allemagne. Les discussions entre ses différents représentants sont vives et souvent très dures. Walter Benjamin (à gauche, vers 1930) s'en éloignera, tandis que György Lukács (à droite, en 1949) rejoindra l'URSS dans les années trente.

Ph © B.P.K., Berlin et ph © Coll. Viollet

loppent cependant un système de pensée autonome connu sous le nom de “théorie critique”. Ils sont économistes, sociologues, historiens, critiques de cinéma, psychanalystes et font partie de cette génération d'intellectuels qui, loin d'être spécialisés en un seul domaine, possèdent une culture et une connaissance encyclopédiques. C'est dans l'exil, en France puis aux Etats-Unis — après l'arrivée des nazis au pouvoir —, qu'ils développeront surtout leurs travaux, excepté pour Walter Benjamin qui, réfugié en France, tentera en vain de passer la frontière espagnole lors de l'invasion de la zone libre par les Allemands en 1942 et se suicidera dans un petit village des Pyrénées.

La crise des valeurs morales

La guerre de 14-18 avait engendré une remise en question radicale des vieilles valeurs et des traditions ; sur le plan de la culture, c'est le mouvement Dada, né en Suisse d'un petit groupe de réfugiés pacifistes, qui réagit le premier à la réalité nouvelle. L'expressionnisme ayant déserté le mouvement littéraire pour survivre essentiellement dans le cinéma, Dada fait figure d'avant-garde iconoclaste, réclame la destruction de l'art et multiplie les actes de provocation dont le principal objectif est de déstabiliser, choquer, ridiculiser autant les valeurs établies — famille, armée — que les nouveaux dirigeants. Mais son impact disparaît rapidement au début des années vingt.

Ce sont les romanciers et hommes de théâtre qui dominent surtout cette période, souvent déjà connus avant guerre comme Gerhardt Hauptmann, prix Nobel de littérature en 1912, admiré, encensé pour une œuvre abondante et populaire où l'on trouve aussi bien des romans naturalistes que des tragédies, des comédies et des contes. Cependant, il est considéré, après guerre, comme dépassé et sans véritable influence littéraire. Le grand écrivain du moment est sans conteste Thomas Mann, qui reçoit lui aussi le prix Nobel en 1929. Son roman, *La Montagne magique*, paru en 1924, est l'expression la plus achevée de la crise des valeurs morales et du profond changement apporté par la guerre dans la conscience européenne. Plutôt conservateur mais véritable humaniste, il défend jusqu'au bout la république et refusera de rejoindre l'Allemagne lors de la prise de pouvoir par Hitler (il était en voyage en Suisse à ce moment). Il vivra en exil aux Etats-Unis pendant la guerre, publiant des livres qui expriment sa souffrance et son désespoir de voir son pays s'enfoncer dans la ruine et la barbarie. Son frère Heinrich, plus à gauche, moins conventionnel, publie une œuvre abondante, dont *Le Professeur Unrat* qui sera adapté à l'écran sous le titre de *L'Ange bleu*, film qui révèle Marlène Dietrich. Lui aussi s'exilera en 1933. D'autres écrivains plus ou moins liés à la gauche jouissent d'une certaine notoriété : Alfred Döblin, auteur connu surtout pour son roman *Berlin Alexanderplatz* (1929),

Georg Grosz, peignant Les piliers de la société *à Berlin, en 1926. Grosz stigmatise les tares de la société par ses caricatures qui deviennent une véritable arme de contestation.*
Ph © B.P.K., Berlin

tableau impitoyable de la jungle qu'est la grande ville pour les pauvres. Voulant dénoncer l'antisémitisme ambiant, Lion Feuchtwanger publie *Le Juif Süss* (1925) qui, ironie du sort, sera repris en film plus tard par les nazis, complètement détourné de son but initial pour devenir le prototype même du film antisémite. Le traumatisme de la guerre sur toute une génération, qui se sent flouée par une boucherie inutile, s'exprime dans un roman qui obtient un immense succès, *A l'ouest rien de nouveau* (1928), d'Erich Maria Remarque. Stefan George, Hermann Hesse, Hermann Broch, toute une pléiade d'écrivains publient leurs premières œuvres à la fin des années vingt. Les grands écrivains autrichiens déjà connus, comme Rainer Maria Rilke, Arthur Schnitzler, Hugo von Hofmannsthal, ont, eux, publié dès avant la guerre et meurent durant cette décennie. Franz Kafka, encore inconnu, meurt en 1924 ; Sigmund Freud accède enfin à la notoriété ; Stefan Zweig est au faîte de sa gloire. Il assistera impuissant à la vague nazie autrichienne et se suicidera au Brésil en 1942.

Brecht et la révolution théâtrale

Mais c'est surtout au théâtre que se produisent les plus grandes révolutions esthétiques. Pendant ces dix ans, on crée un nombre impressionnant de pièces ; des metteurs en scène, comme Max Reinhardt, développent des conceptions nouvelles de mise en scène, utilisent les techniques cinématographiques, modifient le jeu des acteurs. Le théâtre est surtout politique et même révolutionnaire. Ernst Toller, écrivain d'extrême gauche, fait jouer des pièces engagées — il se suicidera aux Etats-Unis où il s'exilera à l'arrivée des nazis au pouvoir. Erwin Piscator crée un théâtre prolétarien, dans lequel il innove par l'utilisation de films, de sous-titres, de slogans politiques tirés de la presse communiste ou des textes marxistes les plus connus. Il renouvelle l'approche des classiques par l'agencement de plateaux mobiles ou à plusieurs niveaux, découpant l'action spatialement et temporellement de manière à donner une vue d'ensemble explicative du texte. Comme beaucoup de ses collègues, il considère le théâtre, non comme un divertissement, mais comme un moyen d'éducation des masses et de changement de la société.

L'écrivain et metteur en scène le plus novateur est probablement Bertolt Brecht qui devait exercer par la suite une influence considérable sur le théâtre européen d'après-guerre. A vingt-quatre ans, en 1922, il reçoit le prix Kleist — la plus haute distinction littéraire de l'époque — pour sa pièce *Tambours dans la nuit*. Devenu marxiste, ses œuvres *Mahagonny* et *L'Opéra de quat' sous* mêlent la parodie, la satire et le drame sur un fond de chansons — composées par Kurt Weill — et se veulent contestataires de l'ordre bourgeois. Mais pour illustrer ses idées, il élabore une théorie sur le théâtre et le jeu de l'acteur censés concourir au but didactique : éveiller la conscience politique des spectateurs, non pas en jouant sur leur affectivité, l'émotion, l'illusion théâtrale, mais sur ce qu'il appelle la "distanciation", sorte d'attitude cérébrale de l'acteur qui empêche le spectateur de s'identifier au héros, l'oblige au contraire à prendre clairement conscience de la situation exposée et à faire les choix politiques appropriés. C'est le théâtre épique, qui ne considère pas l'individu tout seul mais en fonction de la société où il se trouve. Proche du parti communiste, Brecht s'exilera aux Etats-Unis juste avant la guerre et reviendra dans l'Allemagne de l'Est communiste après 1945, où il occupera une place prépondérante avec le *Berliner Ensemble*.

Deux des plus grands intellectuels allemands : Thomas Mann (ci-contre) et Erich Maria Remarque (ci-dessus). Leurs œuvres expriment la crise des valeurs de la société et l'angoisse face à l'avenir.
Ph © A.K.G., Berlin et ph © B.P.K., Berlin

Bauhaus et modernisme

C'est surtout dans le domaine de l'art, peinture et architecture, que l'Allemagne est au centre de la modernité. Avant la guerre, il existait une avant-garde picturale inaugurée par Kandinsky qui jeta les premières bases de l'art abstrait avec son livre *Du spirituel dans l'art*. Les artistes voulaient faire de l'art pour le peuple et non pour les bourgeois, et prônaient l'unité de l'art et de la classe ouvrière. Le modernisme, qui s'exprimait par des formes nouvelles et par le mélange des matières, utilisant la couleur, le papier collé, le photomontage ou bien, en architecture, l'acier, le béton, le verre, était cependant incompris du grand public et violemment atta-

Bertolt Brecht, à Berlin en 1927. Il révolutionne la dramaturgie théâtrale par sa conception du théâtre engagé et didactique qui mêle satire, chanson et drame. Communiste, il s'exilera aux Etats-Unis et reviendra dans l'Allemagne de l'Est (RDA) après la guerre.
Ph © A.K.G., Berlin

qué par la droite qui y voyait une dégénérescence, résultat des élucubrations d'un ramassis de gens de gauche et de juifs. Une des réalisations les plus connues et les plus intéressantes dans ce domaine est le Bauhaus, centre d'art et de création fondé par des artistes, qui forme des élèves dans une perspective moderne : pas de séparation entre l'art et l'artisanat, utilisation de nouveaux matériaux, création collective d'ensembles architecturaux mettant en jeu la lumière, la libération de l'espace et la fonction sociale de l'habitat. Dirigé par l'architecte Walter Gropius, le Bauhaus est une pépinière d'idées ou se côtoient des peintres comme Paul Klee, Kandinsky, Oscar Schlemmer, des créateurs de meubles, des techniciens du tissage, des métaux, du vitrail, et même des musiciens. D'abord situé à Weimar, puis à Dessau où Gropius construisit un immeuble d'avant-garde pour l'abriter, enfin à Berlin, soumis aux attaques incessantes de la droite, il sera dissous par les nazis, et les membres du groupe s'exileront, en Amérique en particulier où leurs innovations feront école.

Pour les intellectuels de droite, le modernisme représentait la fin de la culture allemande et exerçait

Première représentation à Berlin, le 31 août 1928, de L'Opéra de quat'sous *de Brecht. Sur une musique de Kurt Weil, cette œuvre est une satire des gens d'argent et de pouvoir, sur fond de violence et de nostalgie. Les chansons de Jenny et de Macchie deviendront des classiques de la culture berlinoise de l'époque.*
Ph © A.K.G., Berlin

une influence démoralisante sur la jeunesse. Ils regrettaient les valeurs traditionnelles balayées avec la guerre et la fin de l'empire et se réfugiaient dans un pessimisme qui englobait toute la civilisation européenne. Depuis Oswald Spengler jusqu'à Ernst Jünger, en passant par Karl Schmidt-Rottluff et Ernst von Salomon, tous partagent une hostilité contre la république, le parlementarisme, le libéralisme politique. Mais leur influence dans le monde intellectuel est faible ; quelques-unes de leurs idées seront récupérées par le nazisme et certains même, comme le philosophe Martin Heidegger, y adhéreront consciemment.

On ne peut terminer ce rapide panorama de la vie culturelle en Allemagne sans rappeler la grande cassure survenue dans la musique avec Arnold Schönberg, qui inventa le dodécaphonisme, ainsi que ses disciples Alban Berg et Anton von Webern, sans oublier Paul Hindeminth et, dans un autre ordre d'idées, Richard Strauss. Entre Vienne et Berlin, la vie musicale est intense, les polémiques vives, même si elles sont plus circonscrites à un petit milieu, les partisans et les adversaires de la nouvelle musique s'affrontent tout aussi passionnément que ceux qui défendent ou attaquent le nouveau théâtre

Dirigé par l'architecte Walter Gropius, le Bauhaus veut réconcilier toutes les formes d'art et d'artisanat, en les mettant au service de la vie quotidienne dans une perspective socialiste.
Ph © Bauhaus-Archiv, Berlin

de Brecht. Des années plus tard, Thomas Mann dans *Le Docteur Faustus* (1947) recréera cette atmosphère d'intense créativité.

"Des civilisations mortelles"

Avec Berlin, Paris tient le haut du pavé en matière culturelle. Sa réputation en ce domaine ne date pas d'hier, la mode, les plaisirs, la culture y ont toujours fait bon ménage. Mais la guerre a apporté de profonds changements. Certes, dès avant 1914, les peintres, Impressionnistes, Cubistes, Fauves, avaient bouleversé la perception du réel en détruisant la représentation picturale, la musique avait subi les coups de boutoir de l'Ecole de Vienne, le machinisme triomphant, encensé par les futuristes italiens et russes, commençait à faire entrer les objets dans la consommation de masse. Mais la guerre a ébranlé surtout les certitudes de la génération qui avait connu la douceur de vivre de la Belle Epoque. Une pléiade de jeunes écrivains ont disparu dans les combats, ou des suites de leurs blessures — Alain-Fournier, Charles Péguy, Guillaume Apollinaire ; leur mort paraît aussi absurde qu'inutile dans la résolution des problèmes de l'après-guerre. Un cri de Paul Valéry résume le sentiment général : "Nous autres, civilisations, nous savons maintenant que nous sommes mortelles." (*La Crise de l'Esprit*, 1919). Et c'est dans *Le cimetière marin* (1920) que le poète se livrera à une méditation nostalgique et pessimiste sur la mer, la vie et la mort, méditation d'autant plus frappante qu'elle vient d'un esprit qui s'est voulu distancié par rapport au monde, en "constante observation de soi-même". Devant le spectacle de "la science déshonorée et l'impuissance de la connaissance à sauver quoi que ce soit", la foi dans le progrès et la stabilité du monde est profondément ébranlée. Certes, les pacifistes comme Romain Rolland et Henri Barbusse, les écrivains populistes comme Eugène Dabit, Henri Poulaille, ou révolutionnaires comme Victor Serge, impressionnés par la révolution soviétique, s'enthousiasment pour ce monde nouveau ; ils y effectuent même des voyages, mais ceux-ci se terminent souvent dans la désillusion comme celui d'André Gide qui n'hésitera pas, beaucoup plus tard, à faire part de ses réserves en publiant un retentissant *Retour de l'URSS* (1936).

Presque tous les artistes de l'époque vont passer par Weimar et le Bauhaus. Parmi eux, Kandinsky vient y donner des cours en 1922, publiés quatre ans plus tard sous le titre Point et ligne par rapport à la surface.
Ph © B.P.K., Berlin

WASSILY KANDINSKY (1866-1944)

Grande figure de l'art abstrait, il en fut le premier théoricien. Né à Moscou dans un milieu aisé et cultivé, il refuse très tôt la peinture figurative et réaliste, et élabore la théorie de la "peinture pure" à base des "valeurs primaires" de la couleur. Pendant ses longs séjours en France et en Allemagne, il publie un texte théorique (*Du spirituel dans l'art*) qui ouvre la voie à l'abstraction tout en faisant partie du mouvement *Blaue Reiter*. Après la révolution, il enseigne à l'académie des Beaux-Arts à Moscou et fait figure, face aux "productivistes", de métaphysicien et d'idéaliste. En 1922, il quitte l'URSS et rejoint l'équipe du Bauhaus, où il donne des cours qui seront publiés sous le titre *Point et ligne par rapport à la surface* (1926). Il ne suit pas le Bauhaus à Dessau et, en 1934, lorsque les nazis prennent le pouvoir, il quitte définitivement l'Allemagne et s'installe à Paris où il mourra en 1944. ■

Le monde a changé. Les salons si sélectifs décrits par Proust ont définitivement disparu. Remplacés par les cafés et les boîtes de nuit, on y rencontre les écrivains et les artistes mêlés aux gens du monde. Ceux-ci apprécient la compagnie de ces intellectuels brillants et talentueux et leur servent souvent de mécènes. Ainsi les Noailles financent le film surréaliste de René Clair *Entr'acte* (1924), projeté au cours de la représentation des Ballets suédois qui font courir tout Paris et ont pris la relève des Ballets russes de Serge de Diaghilev. Jean Cocteau est le parfait prototype de l'écrivain des années vingt : poète, peintre, causeur mondain, homme de théâtre audacieux n'hésitant pas à aborder des sujets tabous, comme l'inceste dans *Les Enfants terribles* (1929), et à écrire le texte d'*Œdipus Rex* sur la musique de Stravinski, mais aussi à faire du *Bœuf sur le toit* un haut lieu de divertissement où l'on peut écouter du jazz, de la musique d'Eric Satie ou de Francis Poulenc, en même temps que des poèmes d'avant-garde.

Comme Péguy et Alain-Fournier, Apollinaire fait partie de la génération d'écrivains victimes de la guerre. Blessé à la tête par un éclat d'obus en 1916, il meurt deux ans plus tard, victime de l'épidémie de "grippe espagnole".
Ph © Coll. Viollet

Les écrivains confirmés atteignent leur pleine gloire. André Gide, déjà connu pour *Les Nourritures terrestres* (1895), *La Porte étroite* (1909), *Les Caves du Vatican* (1914), publie *Corydon* (1924) où il prend courageusement la défense de l'homosexualité. Il fait preuve aussi d'innovation artistique avec *Les faux-monnayeurs* (1925), où la forme romanesque n'obéit pas aux normes du récit traditionnel mais superpose plusieurs points de vue. Il est vrai que Proust vient de révolutionner le monde littéraire avec *A la Recherche du temps perdu*, dont un volume (*A l'Ombre des jeunes filles en fleurs*) obtient le prix Goncourt en 1919. Vers la même époque, un Irlandais résidant à Paris, James Joyce, publie à compte d'auteur chez son amie libraire Sylvia Beach le roman le plus dérangeant du siècle, *Ulysse* (1922). Mais son œuvre passera inaperçue et ne sera vraiment reconnue qu'après la Deuxième Guerre mondiale. C'est l'époque du roman de famille qui embrasse plusieurs générations de personnages parcourant l'Histoire : *Les Thibault*, de Roger Martin du Gard, où les péripéties de la vie de deux frères de la bourgeoisie française occupent près de vingt volumes (ils ne seront terminés qu'en 1940) ; *Les Hommes de bonne volonté*, de Jules Romains, où s'entremêlent durant des décennies les destins de personnages multi-

André Gide au Congo, avec son secrétaire Marc Allégret.
A la suite de ce voyage (juillet 1925 - mai 1926), il dénonça les excès du colonialisme en Afrique, à une époque où seuls les surréalistes osaient le faire.
Ph © Harlingue-Viollet

ples (27 volumes, de 1932 à 1947) ; les romans prolifiques de Georges Duhamel, comme *La Chronique des Pasquier* (10 volumes, de 1933 à 1945), ou *L'Ame enchantée* (1922-1934) de Romain Rolland. Et, ambassadeur, grandiose et lyrique, Paul Claudel, qui a déjà fait jouer *La jeune fille Violaine*, donne au théâtre une œuvre de six heures, *Le Soulier de satin*, drame espagnol qui embrasse tous les pays et toutes les époques où se jouent les thèmes universels de l'amour trahi, du pouvoir, du péché et de la tentation.

De jeunes écrivains commencent à se faire connaître. François Mauriac avec *Le Baiser au lépreux* (1922) et surtout *Thérèse Desqueyroux* (1927), qui annonce ses romans postérieurs centrés sur la critique féroce de la bourgeoisie, catalogues de femmes humiliées, d'hommes faibles et de mères abusives. Henri de Montherlant, qui affiche dans *Les Bestiaires* (1926) son admiration pour la bravoure et l'héroïsme et dont *Les Jeunes filles*, dans les années trente, feront la réputation ; le jeune André Malraux, qui commence avec des œuvres farfelues,

Van Dongen, devant une toile inachevée, en juin 1929. Portraitiste à la mode, il s'attache à représenter les nouvelles femmes-garçonnes.
Ph © Keystone

réfléchit sur les limites de la pensée européenne dans *La Tentation de l'Occident* (1926) et célèbre l'aventure en Extrême-Orient au service de l'anticolonialisme avec *Les Conquérants* (1928), préfigurant ainsi l'écrivain engagé qu'il sera par la suite.

Les romanciers catholiques posent les cas de conscience de l'individu face à la tentation de la chair ; Julien Green, avec *Adrienne Mesurat* (1927) et *Léviathan* (1929), décrit des personnages, prisonniers de leur destinée ; Georges Bernanos, d'abord très proche de l'extrême droite, publie des romans chrétiens, *Sous le soleil de Satan* (1926) et *La Joie* (1929), puis se séparera avec éclat de ses anciens amis en 1931 par un pamphlet féroce, *La Grande peur des bien-pensants* (1931).

L'exotisme est à la mode. Paul Morand fait rêver ses lectrices de voyages lointains. Les sleepings de l'Orient-Express emmènent les belles inconnues vers des aventures troublantes, dans des voitures vrombissantes, Hispano et Bugatti leur font perdre la tête. Des écrivains

prennent la route, parcourent le monde et en rapportent des écrits mi-romans mi-récits. Pierre Mac Orlan, Blaise Cendrars sont de ceux-là. Mais on voit aussi naître les premiers vrais reportages. Albert Londres révèle l'enfer du bagne en Guyane, André Gide et Jean-Richard Bloch racontent ce qu'ils ont vu dans les colonies françaises de l'Afrique noire, et une femme courageuse, Germaine Galzy, fait une enquête retentissante sur la prostitution et même sur le mont Athos où elle réussit à s'introduire clandestinement. Relatant une aventure vécue, *Courrier-Sud* (1927), d'Antoine de Saint-Exupéry, amorce l'œuvre de cet aviateur aristocrate qui prend sa dimension dans les notions d'aventure, de devoir et de responsabilité morale.

C'est l'époque où les surréalistes occupent le champ culturel par leurs manifestations, leurs revues, leurs insolences à l'égard des institutions culturelles et de leurs représentants. Louis Aragon publie *Anicet ou le Panorama* (1921) et *Le Paysan de Paris* (1926), André Breton

Fêté par le Tout-Paris, Jean Cocteau occupe une place privilégiée dans la vie artistique et littéraire des années vingt. Sous des apparences de frivolité, il sait reconnaître l'avant-garde et la modernité ; ami de Picasso, Max Jacob, Satie, Stravinski, il crée avec eux de nombreux ballets et opéras. Il pose ici en compagnie d'Arthur Honnegger et de la femme de celui-ci, Andrée Vaurabourg.
Ph © Coll. Viollet

En visitant l'Exposition internationale des Arts décoratifs, à Paris en 1925, le public découvre avec étonnement un nouveau style : épuré, simplifié, géométrique. Il est le résultat des expériences parfois collectives d'architectes, de décorateurs et d'artistes.
Bibl. des Arts décoratifs, Paris.
Ph © J.-L. Charmet

Le Manifeste du Surréalisme (1924) et *Nadja* (1928). Mais des intellectuels plus traditionnels réfléchissent aussi sur la crise de la civilisation européenne : Emmanuel Berl, avec *Mort de la pensée bourgeoise* (1929), et Jean Guéhenno dans *Caliban parle* (1928) s'interrogent sur ce monde qui vit sur les ruines du passé mais ne peut construire d'avenir.

Un jeune normalien, Paul Nizan, résoudra la question en quittant le pays pour l'Orient, écœuré d'avoir vingt ans à une époque où c'est loin d'être le plus bel âge de la vie ; il tirera de cette expérience un récit-pamphlet, *Aden Arabie* (1931), où il exprime son désarroi et sa déception en découvrant que, sous les cieux les plus lointains, on ne rencontre toujours que soi-même.

Les écrivains étrangers commencent à être traduits en France. Les œuvres de Thomas Mann, John Dos Passos, Francis Scott Fitzgerald, si elles n'atteignent pas le grand public, sont cependant connues et appréciées des milieux littéraires. La presse s'est transformée. Les photos apparaissent dans les quotidiens et un premier hebdomadaire, *Vu*, composé uniquement de clichés, remporte un vif succès. Le développement de la presse littéraire permet aux écrivains d'atteindre un vaste public, et les prix littéraires, comme le Goncourt, leur assurent une notoriété rapide et soudaine.

La mode est à la collaboration entre les artistes et les industriels. L'Exposition internationale des Arts décoratifs de 1925 se veut la réalisation de cet esprit ; elle va marquer la décennie. Moquée par les traditionnels qui refusent le mélange des genres, l'utilisation de nouveaux matériaux, la ligne nouvelle pure, droite et dépouillée, elle est aussi vilipendée par les surréalistes, contestataires obligés de toutes les manifestations officielles, qui refusent ce qu'ils appellent l'amalgame entre l'Art et l'Art décoratif.

De Sacha Guitry au *Cartel des quatre*

Après la guerre, le théâtre parisien est encore dominé par les formes traditionnelles de la comédie de Boulevard, celui de Sacha Guitry qui cultive le mot d'auteur et les situations scabreuses, ou le mélodrame bourgeois de Henry Bernstein ou Edouard Bourdet. Mais il bénéficie d'un certain renouvellement, soit par des auteurs confirmés, Fernand Crommelynck ou Jules Romains — dont le *Knock ou le Triomphe de la médecine* (1923) deviendra un classique —, soit par des nouveaux arrivants, avec Marcel Achard et surtout Jean Giraudoux, qui utilise la mythologie antique pour prôner un rapprochement entre les cultures dans un style neuf: *Siegfried et le Limousin* (1922), *Suzanne et le Pacifique* (1921) échappent au

Affiche pour Knock ou le Triomphe de la médecine *de Jules Romains, joué et mis en scène par Louis Jouvet.*
Ph © Coll. Viollet

LA SURPRISE-PARTIE

"Le principe est américain. On se réunit trente ou quarante ; on fait les provisions nécessaires à un souper, qui un chaud-froid, qui du champagne, etc., et, sans prévenir, on débarque à dix heures du soir chez des amis qui ne se doutent de rien, qui vont peut-être se mettre au lit et chez qui l'on danse jusqu'à l'aube. La mode s'en est tellement répandue depuis quelques mois qu'il y a grand nombre de maisons où on ne se couche pas sans ressentir l'affreuse appréhension de voir une foule tomber chez soi au milieu de la nuit. La cruauté du procédé fait partie de l'amusement que les Américains prennent à ce jeu." ■

Maurice Sachs, *Au temps du bœuf sur le toit*, Grasset, Paris, 1987.

En 1927, Gaston Baty, Charles Dullin, Louis Jouvet et Georges Pitoëff fondent le Cartel des quatre, *dirigé contre le théâtre de boulevard et destiné à promouvoir le rôle du metteur en scène face au texte. Ils s'emploient également à faire connaître en France des œuvres étrangères, comme ici* Six personnages en quête d'auteur, *de Luigi Pirandello, avec Georges et Ludmilla Pitoëff (représentation de janvier 1937).*
Ph © Roger-Viollet

conformisme, sans atteindre cependant la virulence d'un Roger Vitrac dans *Victor ou les Enfants au pouvoir* (1928), qui met en pièces par l'absurde et la cruauté le monde des adultes. En 1927, quatre metteurs en scène d'avant-garde, Charles Dullin, Gaston Baty, Louis Jouvet, Georges et Ludmilla Pitoëff, se groupent en *Cartel des quatre*. Dirigé contre le théâtre de boulevard, il se donne pour mission de promouvoir un théâtre plus moderne et de faire connaître des œuvres étrangères comme celles de Luigi Pirandello, Henrik Ibsen, August Strindberg, Anton Tchekhov ou George Bernard Shaw. Cette nouvelle tendance fera le succès du théâtre d'idées de cette période.

Les enfants du futurisme italien

En Italie, le mouvement futuriste lancé avant la guerre par Filippo Marinetti s'était enthousiasmé pour toutes les manifestations de la vie moderne : culte de la machine

et de la vitesse, destruction du passé, formes syntaxiques rapides, brisées. Si sa production littéraire est somme toute assez limitée, c'est surtout dans le domaine de la peinture qu'il produira des œuvres importantes avec Carlo Carra, Gino Severini, Umberto Boccioni. Comme l'extravagant Gabriele D'Annunzio, ils adhéreront au fascisme dont l'installation progressive assombrit peu à peu la vie intellectuelle. Mais des poètes comme Eugenio Montale et Giuseppe Ungaretti chantent dans des vers raffinés la souffrance et la solitude de l'homme devant l'absurdité de la vie et, à l'écart de tout mouvement, Italo Svevo poursuit une œuvre originale à Trieste avec *La Conscience de Zeno* (1923) ; Luigi Pirandello continue par son théâtre à dévoiler l'ambiguïté de l'identité humaine. Fous ou simulateurs dans *Henri IV* (1922), réels ou imaginaires dans *Six Personnages en quête d'auteur* (1921), mensongers ou sincères, ses personnages fluctuants, imperméables à la connaissance, ne révèlent jamais leur véritable identité car celle-ci n'existe pas en soi. La vérité est subjective, la réalité objective n'existe pas : "Pour moi, je suis celle qu'on me croit", dira l'un de ses personnages, résumant parfaitement la vision relativiste et pessimiste de l'auteur. En 1929, un jeune débutant de vingt-deux ans, Alberto Moravia, publie un roman qui fera grand bruit et sera considéré comme le premier roman existentialiste, *Les Indifférents*, dans lequel, à travers l'histoire d'une adolescence bourgeoise, il oppose aux valeurs décadentes

Umberto Boccioni (1882-1916) et Filippo Tommaso Marinetti (1876-1944), organisateurs du salon des futuristes à Paris, en 1912. Très actifs avant guerre, les futuristes n'occupent plus le devant de la scène dans les années vingt. Certains vont se compromettre avec le fascisme.
Ph © Harlingue-Viollet

Dans la toute jeune Russie soviétique, la majorité des intellectuels et des artistes se sont ralliés à la révolution. Dans un premier temps, la liberté créatrice est totale, audacieuse et passionnée. Affiche de V. et G. Stenberg pour SEP, *film de Verner et Armand (1929).*
Ph © Documentation Leclanche-Boulé

de sa classe l'indifférence et l'érotisme. Enfin, sur le plan philosophique, on doit signaler la figure dominante du philosophe Benedetto Croce, esthéticien, critique, historien, et celle, encore clandestine, du fondateur du parti communiste Antonio Gramsci, condamné en 1926 à vingt ans de prison par le régime, qui mourra onze ans plus tard dans les geôles fascistes et dont l'œuvre ne sera connue qu'après la Seconde Guerre mondiale.

Les artistes russes au service de la révolution

En Russie soviétique, la plus grande effervescence règne. Dans leur grande majorité, les intellectuels et les artistes se rallient à la révolution et se mettent à son service dans une atmosphère passionnée. Dans un premier temps, la plus grande liberté existe ; la vie intellectuelle est intense et les mouvements avant-gardistes les plus divers coexistent et se succèdent : constructivisme, avec les sculpteurs Gabo et Antoine Pevsner, futurisme avec Vladimir Maïakovski, imaginisme font assaut de provocations, de manifestes et de théories. D'autres mouvements se veulent apolitiques, comme celui des frères Sérapion, d'autres encore sont ouvertement à gauche, comme le LEF, constitué à la fin de 1922 par Maïakovski — revenu de ses positions anticonformistes des années précédentes — et par son ami Ossip Brik. Pour l'intelligentsia engagée, l'art apparaît comme un moyen de transformer la vie. Dans un bouillonnement de pensée, de prises de position qui ne sont pas indépendantes des bouleversements sociaux et des différentes attitudes adoptées par le pouvoir envers les intellectuels, les revues disparaissent et se reconstituent sous d'autres noms, les groupes se forment par affinités politiques ou sensibilité esthétique ; les théories sur la situation de l'artiste par rapport aux problèmes et aux choix quotidiens que doit affronter la nouvelle société soviétique entretiennent un climat passionné de remises en question continuelles.

Le pouvoir, tout d'abord favorable à la liberté de pensée, songe cependant assez rapidement à se servir des intellectuels pour faire appliquer sa politique éducative des masses. Le *Proletkult*, organe central de la culture, les engage à "aller au peuple" pour l'instruire et s'y instruire ; des clubs, des associations littéraires, des maisons de la culture sont institués dans tout le pays ; des artistes, comme Marc Chagall, Kazimir Malevitch, Sergueï Eisenstein, Dziga Vertov, s'y impliquent. Les contacts avec Berlin et Paris sont constants, les frontières ouvertes.

Affiche de V. et G. Stenberg *pour* L'Homme à la caméra, *film de Dziga Vertov (1929).*
Ph © Documentation Leclanche-Boulé

La vie quotidienne, terrible du point de vue des conditions matérielles (pénurie, manque de logements, désorganisation administrative, etc.), est aussi transformée par une législation moderne concernant le divorce, l'avortement, la libération sexuelle, la promotion des femmes. C'est l'époque où les commémorations de la révolution donnent lieu à de grands spectacles de rue, mis en scène par les hommes de théâtre et de cinéma, avec des dizaines de milliers de figurants.

MOSCOU, 1920 : LE CONSTRUCTIVISME

En août 1920, le sculpteur Antoine Pevsner (1886-1962) et son frère Naum Gabo (1890-1977) lancent le Manifeste réaliste, *dans lequel, rejetant le cubisme et le futurisme, ils prônent la recherche des "lois réelles de la vie" à travers un art "construit". Cette nouvelle conception de l'art, dite "cons-tructiviste", va influencer notablement le Bauhaus en Allemagne et, en URSS, des artistes comme El Lissitzky. Voici des extraits du* Manifeste réaliste *:*

"Nous proclamons : pour nous l'espace et le temps sont nés aujourd'hui. (…)

1. Nous répudions dans la peinture la couleur comme élément pictural ; la couleur est le visage idéalisé et optique des objets. L'impression extérieure est superficielle ; la couleur est accidentelle et n'a rien de commun avec le contenu interne des corps.

2. Nous refusons à la ligne sa valeur graphique ; la ligne n'est qu'une trace accidentelle que l'homme laisse sur les objets. (…) Nous n'affirmons la ligne que comme *direction* des forces statiques cachées dans les objets et de leurs rythmes.

3. Nous renions le volume en tant que forme plastique de l'espace. (…) Nous proclamons la *profondeur* comme unique forme plastique de l'espace.

4. Nous renions dans la sculpture la masse en tant qu'élément sculptural.

5. Nous répudions l'erreur millénaire héritée de l'art égyptien qui voyait dans les rythmes statiques les seuls éléments de la création plastique.

(…) C'est sur les places et dans les rues que nous installons notre œuvre, convaincus que l'art ne doit pas rester un refuge pour les oisifs, une consolation pour les blasés, une justification pour les paresseux. L'art est appelé à accompagner l'homme partout où s'écoule et agit sa vie infatigable : à l'établi, au bureau, au travail, au repos et dans les loisirs, les jours ouvrables et les jours de fête, à la maison et sur la route pour que la flamme de la vie ne s'éteigne pas en l'homme." ■

Publicité attribuée à Rodchenko pour les montres Mozer du Magasin universel d'Etat (GUM), la plus grande chaîne de magasins de détail implantée dans toutes les grandes villes du pays.

Ph © Documentation Leclanche-Boulé

Mais, peu à peu, le pouvoir va restreindre cette liberté et faire pression sur les intellectuels pour qu'ils se conforment aux canons du dogme en vigueur. Certains accepteront de s'aligner, d'autres émigreront — Chagall, Kandinsky — d'autres se tairont, du moins officiellement, comme l'écrivain Isaak Babel, les poètes Ossip Mandelstam, Anna Akhmatova; certains se suicideront — Serge Essenine, Vladimir Maïakovski —, d'autres, surtout, mourront obscurément dans les camps ou les prisons du goulag stalinien. De la floraison extraordinaire de ces années-là, il ne restera rien, officiellement; au début des années trente, le réalisme socialiste imposé par Andreï Jdanov deviendra le canon officiel de la création soviétique et étouffera toute publication, toute peinture, tout film qui n'y répondrait pas; ces œuvres seront interdites, censurées, inaccessibles au public, et les survivants souffriront en silence de voir brisée l'utopie qui rêvait de changer le monde par l'art.

En 1928 à Moscou, Maïakovski, en compagnie de Rodchenko (debout, à droite), de Chostakovitch et de Meyerhold (assis), travaille à la mise en scène de La Punaise. *Dans les années qui vont suivre, le dogme, l'autocensure et les directives vont remplacer la magnifique floraison des années vingt par un art conformiste et réduire au silence les artistes les plus talentueux.*
Ph © Coll. Viollet

Chapitre 2

LA RÉVOLUTION SURRÉALISTE

"J'ANNONCE AU MONDE CE FAIT DIVERS DE PREMIÈRE GRANDEUR: UN NOUVEAU VICE VIENT DE NAÎTRE, UN VERTIGE DE PLUS EST DONNÉ À L'HOMME: LE SURRÉALISME, FILS DE LA FRÉNÉSIE ET DE L'OMBRE. ENTREZ, ENTREZ, C'EST ICI QUE COMMENCENT LES ROYAUMES DE L'INSTANTANÉ..."

Cette déclaration emphatique et orgueilleuse d'un jeune et brillant poète, Louis Aragon, annonce dans *Le Paysan de Paris*, en 1924, la création officielle d'un mouvement qui va agiter la vie intellectuelle des années vingt et après dans le fracas, le scandale et la dérision. L'occasion de sa première manifestation publique se présentera bientôt. Cette même année, Anatole France meurt. Ecrivain célèbre et unanimement respecté, ses obsèques donnent lieu à une imposante cérémonie nationale ; tout le monde politique et institutionnel suit l'immense cortège qui traverse Paris au milieu d'une foule silencieuse et impressionnée par l'apparat du rituel. Or, à ce moment, sort un pamphlet intitulé *Un cadavre*, couvrant d'injures le défunt, démolissant sans nuances le "plus grand homme du siècle", le "maître écrivain" encensé par la presse. "Celui qui vient de disparaître n'était pourtant pas très sympathique. Il n'a jamais songé qu'à son intérêt, à sa petite santé. Il attendait la mort, paraît-il. C'est une jolie solution. Mais à part cela, sérieusement, qu'a-t-il fait, à quoi a-t-il pensé ? Puisqu'il ne s'agit aujourd'hui que de déposer une palme sur un cercueil, qu'elle soit aussi lourde que possible et qu'on étouffe ce souvenir." Et les insultes se succèdent : sinistre bonhomme, vile comédie, piètre écrivain, puanteur... et le défi ultime d'Aragon : "Avez-vous déjà giflé un cadavre ?"

C'est le début d'un mouvement qui va se manifester pendant des années par les provocations, les débats passionnés, les attaques les plus radicales qu'on ait connues

Provocation, dérision, humour, Dada ne craint aucun excès pour déstabiliser les institutions et les courants artistiques dominants de l'époque. Vite supplanté en France par les surréalistes, il exercera encore en Allemagne une certaine influence. Ici, Benjamin Péret, Serge Charchoune, Philippe Soupault, Jacques Rigaut et André Breton, au vernissage de l'exposition "Dada Max Ernst", en mai 1921 à Paris.
Bibl. J. Doucet, Paris. Ph © J.-L. Charmet

Dada ou les jeunes gens en colère. Par réaction contre l'absurdité de la guerre, Dada va s'en prendre à toutes les institutions, aux conformismes, aux tabous qui engendrent la violence guerrière et la passivité des masses.

contre la patrie, la religion, la morale, l'Etat et ses institutions officielles. "Ouvrez les prisons, licenciez l'armée, soldats, désertez!", crient les surréalistes au grand effroi des "bourgeois" mais aussi des acteurs de la vie intellectuelle officielle.

Mais pour comprendre cette rage iconoclaste, il faut remonter à plus loin dans le temps. Bien qu'il ait sa propre vie, le mouvement surréaliste doit beaucoup aux mouvements littéraires nés plus tôt, en particulier au futurisme qui eut son influence en Italie, au cubisme déjà existant en peinture, et surtout au dadaïsme.

L'héritage de Dada

Dada est né à en 1916, c'est-à-dire en pleine guerre, lorsque quelques jeunes gens, dont le poète roumain Tristan Tzara et le peintre alsacien Hans Arp, pacifistes réfugiés à Zurich, baptisent arbitrairement — selon certains en prenant un mot au hasard dans le dictionnaire, selon d'autres du nom d'un cheval — un mouvement qui met en question toutes les formes d'art, la morale et les institutions officielles politiques et sociales, et utilise des spectacles-provocations destinés à déstabiliser le public en le choquant et en l'agressant. Venu à Paris en 1920, Tzara organise pour la première fois l'un de ces spectacles : une lecture de poèmes étant annoncée, il se contente de lire sur la scène un article de journal ; puis, dix poèmes sont lus en même temps par dix personnes à la fois, le tout accompagné de bruits de sonnettes et de crécelles, d'interpellations dans un chahut épouvantable ; le public proteste mais se fait insulter ; le scandale est énorme ; il ne peut que plaire à André Breton et à ses amis qui avaient déjà commencé leur travail de déstructuration. Auparavant déjà, Marcel Duchamp avait scandalisé en exposant un urinoir baptisé *Fountain* et des *ready-made* pour démontrer que les objets usuels ont la même valeur que les œuvres dites d'art. Les surréalistes et les dadaïstes vont faire un bout de chemin ensemble mais se sépareront vite ; dès 1920, chaque mouvement reprendra son autonomie. Et si Dada exerce encore une influence en Allemagne, il disparaît peu à peu de France où il est supplanté par le groupe surréaliste.

Cette vague protestataire se situe dans le contexte de l'après-guerre. Les tueries de 14-18, les souffrances des

Le groupe Dada en 1921 : Paul Chadourne, Tzara, Soupault, Serge Charchoune, Eluard, Rigaut, Mme Soupault, Georges Ribemont-Dessaigne. Le nom Dada *semble avoir été pris soit au hasard (dans le dictionnaire), soit par pure dérision (nom d'un cheval).*
Bibl. J. Doucet, Paris. Ph © J.-L. Charmet

survivants, la faillite des idéaux n'entamaient pas la suffisance de gouvernants incapables d'assurer une paix véritable ni de mener la critique d'un système qui avait apporté à un point encore jamais atteint la destruction, le malheur et les ruines. Louis Aragon, Philippe Soupault, Paul Eluard, Benjamin Péret avaient fait la guerre qui avait tué Apollinaire, Péguy, Alain-Fournier et tant d'autres.

“Nous sentions qu'un monde révolu et courant à sa perte ne parvenait à se prolonger qu'en renforçant ses tabous et en multipliant ses contraintes, et nous étions radicalement pour nous y soustraire. Mais cela n'eût été encore que passif : en vérité, une volonté de subversion générale nous possédait”, devait rappeler Breton bien des années plus tard (*Entretiens*, NRF, Paris, 1952).

Le monde prétendait continuer à fonctionner comme avant. Les élites ne semblaient pas comprendre que la terre avait tremblé et qu'on ne pouvait fermer les yeux devant les formidables changements que les catastrophes avaient produits dans les consciences. A l'Est, une révolution jetait bas un empire séculaire, d'autres, en Allemagne, en Hongrie, étaient noyées dans le sang. Comment des jeunes gens doués d'esprit critique, talentueux,

LISEZ :	NE LISEZ PAS :	LISEZ :	NE LISEZ PAS :
Heraclite	Platon	Lautréamont	Kraft-Ebbing
	Virgile		Taine
Lulle	St Th. d'Aquin	Rimbaud	Verlaine
Flamel		Nouveau	Laforgue
Agrippa	Rabelais	Huysmans	Daudet
Scève	Ronsard	Caze	
	Montaigne	Jarry	Gourmont
Swift	Molière	Becque	Verne
Berkeley		Allais	Courteline
	La Fontaine	Th. Fiournoy	Mme de Noailles
La Mettrie		Hamsun	Philippe
Young		Freud	Bergson
Rousseau	Voltaire	Lafargue	Jaurès
Diderot			Durkheim
Holbach			Lévy-Brühl
Kant	Schiller	Lénine	Sorel
Sade	Mirabeau	Synge	Claudel
Laclos		Apollinaire	Mistral
Marat	B. de St Pierre	Roussel	Péguy
Babeuf	Chénier	Léautaud	Proust
Fichte	Mme de Staël	Cravan	d'Annunzio
Hegel		Picabia	Rostand
Lewis		Reverdy	Jacob
Arnim	Hoffmann	Vaché	Valéry
Maturin		Maïakovsky	Barbusse
Rabbe	Schopenhauer	Chirico	Mauriac
A. Bertrand	Vigny	Savinio	Toulet
Nerval	Lamartine	Neuberg	Malraux
Borel	Balzac		Kipling
Feuerbach	Renan		Gandhi
Marx			Maurras
Engels	Comte		Duhamel
	Mérimée		Benda
	Fromentin		Valois
Baudelaire	Leconte de Lisle		Vautel
Cros	Banville		Etc., etc., etc.

impertinents et sûrs d'eux pouvaient-ils accepter le conformisme ambiant, reconnaître la légitimité de valeurs qui avaient fait la preuve de leur inefficacité pour épargner au monde la mort et la destruction ? Déjà, un jeune écrivain, Raymond Radiguet, avait fait scandale en racontant les amours passionnées d'un jeune garçon de seize ans avec la femme d'un soldat combattant sur le front (*Le Diable au corps*, 1923). Le récit réaliste de cette passion, ignorant le respect dû aux soldats qui avaient sacrifié leur vie sur les champs de bataille, fut considéré comme insultant et immoral, et seule la mort prématurée en 1923, à vingt ans, de l'écrivain prodige avait calmé les passions.

La révolte surréaliste n'épargne rien ni personne. Ainsi ce tract provocateur des années vingt donne la liste des écrivains à ne pas lire et de ceux qui échappent à l'anathème.
Archives surréalistes, Paris

RIEN RIEN RIEN RIEN !

La révolte iconoclaste des surréalistes revêt, elle, un aspect beaucoup plus dur et n'épargne rien, ni les arts et la création — jugés conventionnels —, ni la morale, ni les mœurs, ni la politique. “Plus de peintres, plus de littérateurs, plus de musiciens, plus de sculpteurs, plus de religions, plus de républicains, plus de royalistes, plus d'impérialistes, plus d'anarchistes, plus de socialistes, plus de bolcheviks, plus de politiques, plus de prolétaires, plus de démocrates, plus de bourgeois, plus d'aristocrates, plus d'armées, plus de police, plus de patries, enfin assez de toutes ces imbécillités, plus rien, plus rien, plus RIEN RIEN RIEN RIEN !”, crient ces révoltés. Et ils mettent en pratique leurs idées par des manifestations outrancières. Ils prennent prétexte de tout pour saccager — verbalement et parfois matériellement — les manifestations de cette bêtise unanimement répandue, selon eux, et qui étouffe la vraie vie.

La ville de Charleville décide-t-elle d'élever une statue à la mémoire de Rimbaud ? Les surréalistes, sous la plume de Raymond Queneau, s'empressent de protester contre un acte qui leur semble une insulte à l'égard de celui qui, avant eux, voulait changer la vie par la poésie. "La statue qu'on inaugure aujourd'hui subira peut-être le même sort que la précédente. Celle-ci que les Allemands firent disparaître dut servir à la fabrication d'obus et Rimbaud se fût attendu avec délices à ce que l'un d'eux bouleversât de fond en comble votre place de la Gare en réduisant à néant le musée dans lequel on s'apprête à négocier ignoblement sa gloire" (Manifeste *Permettez*). Ils tentent d'organiser le procès de Maurice Barrès, accusé de "crime contre la sûreté de l'esprit". Duchamp fait scandale en affublant la Joconde de superbes moustaches, et Picabia renchérit : "Si vous lisez André Gide tout haut pendant dix minutes, vous sentirez mauvais de la bouche" (in *Revue Z*). Ils provoquent un tollé — qui se transformera en pugilat général et les amènera au poste de police — en criant "vive l'Allemagne !" et "à bas le patriotisme !" à la *Closerie des Lilas*, célèbre café littéraire fréquenté par les intellectuels les plus connus de l'époque. Mais au-delà de cette position nihiliste, que veulent les surréalistes ? Et par quels moyens ?

Tout d'abord, ils ont une charte, le *Manifeste du surréalisme*, publiée par le chef incontesté du mouvement André Breton (1924), dans laquelle il expose les principes du

Cette affichette de 1919 offre une présentation typique des textes Dada, puis surréalistes, brisant les conventions typographiques. Gravure sur linoléum rehaussée à l'aquarelle de M. Janco.
Coll. part. Ph © J.-L. Charmet/D.R.

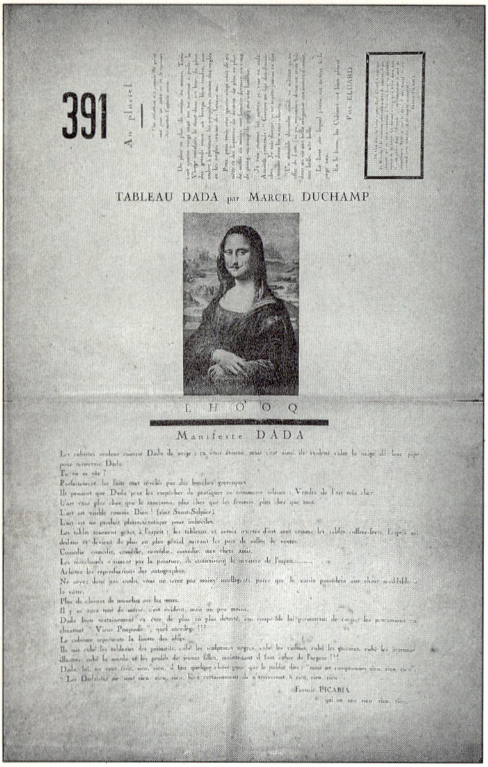

391

Au pluriel

Paul ELUARD

TABLEAU DADA par MARCEL DUCHAMP

L H O O Q

Manifeste DADA

Les cubistes veulent couvrir Dada de neige : ça vous étonne mais c'est ainsi, ils veulent vider la neige de leur pipe pour recouvrir Dada.
Tu en es sûr ?
Parfaitement, les faits sont révélés par des bouches grotesques.
Ils pensent que Dada peut les empêcher de pratiquer ce commerce odieux : Vendre de l'art très cher.
L'art vaut plus cher que le saucisson, plus cher que les femmes, plus cher que tout.
L'art est visible comme Dieu ! (voir Saint-Sulpice).
L'art est un produit pharmaceutique pour imbéciles.
Les tables tournent grâce à l'esprit ; les tableaux et autres œuvres d'art sont comme les tables coffres-forts, l'esprit est dedans et devient de plus en plus génial suivant les prix de salles de ventes.
Comédie, comédie, comédie, comédie, comédie, mes chers amis.
Les marchands n'aiment pas la peinture, ils connaissent le mystère de l'esprit.........
Achetez les reproductions des autographes.
Ne soyez donc pas snobs, vous ne serez pas moins intelligents parce que le voisin possèdera une chose semblable à la vôtre.
Plus de chiures de mouches sur les murs.
Il y en aura tout de même, c'est évident, mais un peu moins.
Dada bien certainement va être de plus en plus détesté, son coupe-file lui permettant de couper les processions en chantant "Viens Poupoule", quel sacrilège !!!
Le cubisme représente la disette des idées.
Ils ont cubé les tableaux des primitifs, cubé les sculptures nègres, cubé les violons, cubé les guitares, cubé les journaux illustrés, cubé la merde et les profils de jeunes filles, maintenant il faut cuber de l'argent !!!
Dada, lui, ne veut rien, rien, rien, il fait quelque chose pour que le public dise : "nous ne comprenons rien, rien, rien".
"Les Dadaïstes ne sont rien, rien, rien, bien certainement ils n'arriveront à rien, rien, rien".

Francis PICABIA
qui ne sait rien, rien, rien.

***En** 1917, Marcel Duchamp avait déjà fait scandale en exposant à New York un urinoir baptisé* Fountain. *En 1919, il réitère en affublant* La Joconde *de moustaches (revue 391 n° 8, publiée en février 1919 à Zurich).*
Bibl. J. Doucet, Paris.
Ph © J.-L. Charmet/D.R.

mouvement. Les surréalistes bannissent le réalisme et, dans la foulée, le roman, coupable de s'adonner aux descriptions de l'environnement, à l'analyse des caractères et au déroulement cohérent de l'action. Pour eux, les vrais événements sont dus aux hasards "objectifs", aux rencontres en apparence inopinées, en réalité mystérieusement programmées, aux signes extérieurs qui sont des indices du destin. C'est pourquoi leurs romans — *Le Paysan de Paris* d'Aragon ou *Nadja* de Breton — n'obéissent pas aux règles du déroulement logique de l'action ; ils sont fragmentés, avec des retours en arrière, une temporalité éclatée. Mais ils croient surtout en la toute puissance de l'inconscient — et c'est pour cela qu'ils seront les plus fervents admirateurs de Freud dont la science commence à être connue en France — pour libérer les vraies forces créatives qui sont en deçà ou au-delà de la logique, pour libérer la vraie vie afin de changer la vie, comme l'avait dit avant eux Rimbaud. Leurs héros s'appellent, en effet, outre "l'homme aux semelles de vent", Sade, Lautréamont et Violette Nozières, cette jeune fille condamnée pour avoir assassiné ses parents, petits-bourgeois tranquilles, dont ils firent une véritable martyre de la liberté du désir.

Cette libération ne peut se faire que par la subversion des valeurs, des habitudes, des conformismes sociaux, moraux et intellectuels. Ils rejettent la notion de créateur individuel. "Tout le monde a du talent", c'est pourquoi leurs activités seront presque toujours collectives. (Les surréalistes belges publieront pendant très longtemps leurs textes dans l'anonymat pour respecter cette règle.) Il est vrai qu'avec les années, des conflits de personnes surgirent dans le groupe et que l'histoire de celui-ci est parsemée d'exclusions, d'excommunications spectaculaires, de réconciliations et de ruptures retentissantes ; le tout sous la houlette du chef suprême André Breton, soucieux de maintenir dans l'orthodoxie les membres suspects de déviation. Mais presque tous les poètes et peintres de cette époque ont peu ou prou rejoint ou côtoyé le mouvement à une période de leur vie. Au noyau fondateur, formé de Breton, Aragon, Eluard, Soupault, vinrent s'agglomérer Roger Vitrac, Naville, Ferdinand Alquié, Benjamin Péret, René Crevel, Michel Leiris, Robert Desnos, des peintres comme Giorgio De Chirico, Max Ernst, André Masson, Hans Arp, Francis Picabia, Salvador Dalí, des cinéastes avec Luis Buñuel, René Clair. La plupart s'éloignèrent par la suite du mouvement pour des raisons parfois politiques, en particulier lorsque la question de l'adhésion au parti communiste se posa, mais tous restèrent marqués par ces moments flamboyants de leur jeunesse.

OUVREZ LES PRISONS, LICENCIEZ L'ARMÉE

"OUVREZ LES PRISONS
LICENCIEZ L'ARMÉE
IL N'Y A PAS DE
CRIMES DE DROIT COMMUN

Les contraintes sociales ont fait leur temps. Rien, ni la connaissance d'une faute accomplie, ni la contribution à la défense nationale ne sauraient forcer l'homme à se passer de la liberté. L'idée de prison, l'idée de caserne sont aujourd'hui monnaie courante : ces monstruosités ne vous étonnent plus. L'indignité réside dans la quiétude de ceux qui ont tourné la difficulté par diverses abdications morales et physiques (honnêteté, maladie, patriotisme).
La conscience une fois reprise de l'abus que constituent d'une part l'existence de tels cachots, d'autre part l'avilissement, l'amoindrissement qu'ils engendrent chez ceux qui y échappent comme chez ceux qu'on y enferme — *et il y a paraît-il, des insensés qui préfèrent au suicide la cellule ou la chambrée* —, cette conscience enfin reprise, aucune discussion ne saurait être admise, aucune palinodie. Jamais l'opportunité d'en finir n'a été aussi grande, qu'on ne nous parle pas de l'opportunité. Que MM. les assassins commencent, si tu veux la paix prépare la guerre, de telles propositions ne couvrent que la plus basse crainte ou les plus hypocrites désirs.
Ne redoutons pas d'avouer que nous attendons, que nous appelons la catastrophe.
La catastrophe ? ce serait que persiste un monde où l'homme a des droits sur l'homme.
L'union sacrée devant les couteaux ou les mitrailleuses, comment en appeler plus longtemps à cet argument disqualifié ? Rendez aux champs soldats et bagnards. Votre liberté ? il n'y a pas de liberté pour les ennemis de la liberté. Nous ne serons pas les complices des geôliers.
Le Parlement vote une amnistie tronquée ; une classe au printemps prochain partira ; en Angleterre toute une ville a été impuissante à sauver un homme, on a appris sans stupeur que pour la Noël en Amérique on avait suspendu l'exécution de plusieurs condamnés *parce qu'ils avaient une belle voix.*
Et maintenant qu'ils ont chanté, ils peuvent bien mourir, faire l'exercice. Dans les guérites, sur les fauteuils électriques, des agonisants attendent : les laisserez-vous passer par les armes ?
OUVREZ LES PRISONS
LICENCIEZ L'ARMÉE" ■

La Révolution surréaliste, n° 2, 15 janvier 1925.

La beauté convulsive

Bien entendu, la conception surréaliste de la beauté est aux antipodes du bon goût, de l'harmonie des règles classiques ou même romantiques. Pour eux, la beauté est mouvement, explosion, désir. Breton la définit dans *Nadja* en une phrase lapidaire : "La beauté sera convulsive ou ne sera pas." Et, en 1963, il réitérera : "La beauté convulsive sera érotique — voilée, explosante — fixe, magique, circonstancielle ou ne sera pas" (déclaration à *Savoir et Beauté*, revue locale du Hainaut).

Chaque dimanche, André Breton va au marché aux puces de Saint-Ouen, à la découverte d'objets insolites, bizarres ou tout simplement détournés de leur usage. Par la suite, il découvrira l'étrangeté des arts dits primitifs, africains, mexicains. L'un des premiers, il reconnaîtra la valeur de ces statues, masques et objets rituels, alors

méprisés ou incompris, dont il fera collection, et il leur donnera leur place dans le panthéon de la culture universelle. Les surréalistes sont des amoureux de la ville, lieu des rencontres insolites, des coïncidences, des éclosions d'images qui alimenteront leur imaginaire et leurs œuvres. Leurs pérégrinations quotidiennes leur font découvrir un Paris insolite, le Paris des Grands Boulevards, des passages du IXe arrondissement, baignant dans la lumière glauque des verrières jaunâtres, avec des boutiques ensommeillées où trônent, engourdies, des vieilles dames d'un autre siècle. Vivant sinon collectivement du moins en symbiose permanente, ils se rencontrent chaque jour dans un café déterminé près de l'Opéra ou de la place Blanche, et gare à celui qui manquerait ces réunions où de graves discussions décident des prises de position du mouvement et de la conduite à tenir dans

Les principaux membres du groupe surréaliste, peints par Max Ernst en 1922 dans Au rendez-vous des amis *:* ***1.*** *R. Crevel,* ***2.*** *Ph. Soupault,* ***3.*** *Arp,* ***4.*** *M. Ernst,* ***5.*** *M. Morise,* ***6.*** *F. Dostoïevski,* ***7.*** *R. Sanzio,* ***8.*** *T. Fraenkel,* ***9.*** *P. Eluard,* ***10.*** *J. Paulhan,* ***11.*** *B. Péret,* ***12.*** *L. Aragon,* ***13.*** *A. Breton,* ***14.*** *Baargeld,* ***15.*** *G. de Chirico,* ***16.*** *G. Eluard,* ***17.*** *R. Desnos.*

Coll. part., Hamburg. Ph © Giraudon/D.R.

les jours qui viennent à propos des divers événements de la vie publique ou intellectuelle.

Breton et ses amis sont aussi fascinés par tous les phénomènes dits paranormaux, la voyance, le jeu de tarots, l'astrologie, la magie, toutes les manifestations de l'irréel qui, selon eux, imprègnent le quotidien, font sa richesse, qu'il s'agit de déceler et de remettre au premier plan, à la place de l'évident, du conscient. "C'était le temps que, nous réunissant le soir comme des chasseurs, nous faisions notre tableau de la journée, le compte des bêtes que nous avions inventées, des plantes fantastiques, des images abattues", racontera Aragon dans *Vague de rêve*. Dans *Nadja*, Breton décrira sa rencontre réelle avec une jeune femme étrange, douée de pouvoirs divinatoires, hors du temps et de la logique, qui le fascine. Des propos étranges sortent de sa bouche, des propos qui peuvent paraître obscurs mais qui, pour le narrateur, sont l'expression de la vraie poésie, de la vraie vie. Cependant, après quelques rencontres, il se dérobera à la demande de son héroïne et l'abandonnera à l'asile de fous où elle disparaîtra. Car la valorisation de la folie n'est supportable que sur le plan de la littérature ; sur le plan de la vie réelle, il faut reconnaître qu'elle est insoutenable.

"La beauté sera convulsive ou ne sera pas." Ainsi parle Breton, prenant le contre-pied de l'académisme et du conformisme ambiant.

Persuadés que quiconque le désire peut libérer ses forces créatives, les surréalistes encouragent les initiatives individuelles en ouvrant le Bureau de Recherches surréalistes, avec une véritable adresse — 15, rue de Grenelle —, qui accueille les textes reçus qui sont produits selon le mode surréaliste. Ils ont aussi une revue, *Littérature*, qui deviendra *La Révolution surréaliste*, puis *Le Surréalisme ASDLR* (au service de la révolution) en 1930.

Dans le domaine de l'art, les peintres cherchent de nouvelles manières de libérer leurs pulsions sans se soucier de représentation — déjà mise à mal par Picasso et les cubistes —, mais pour s'ouvrir aux fantasmes et aux dérèglements de leur imaginaire et détruire la notion de beau. Max Ernst invente les collages, Masson met au point ses frottages et, plus tard, Dalí inventera sa paranoïa critique pour donner forme à ses fantasmes érotico-mystiques. René Magritte détourne les objets et les tableaux célèbres, par exemple en transformant le lit de Madame Récamier en cercueil. Breton écrira en 1928 un ouvrage, *Le Surréalisme et la peinture*, où il exposera les conceptions du mouvement sur l'art.

Les artistes créent aussi des objets insolites, mélangeant sans scrupules les matières, les formes, ne craignant pas de donner des formes anthropomorphiques aux objets usuels. Tout ceci donne lieu à des expositions qui scandalisent le public et où les membres du groupe font assaut de provocations diverses et iconoclastes. Mais, en libérant les frontières, en donnant libre cours à l'imaginaire, en sortant les formes d'art de la gangue des règles et du savoir-faire, les artistes surréalistes ont transformé la perception des choses. Grâce à eux, nous ne nous étonnons plus de voir des femmes-fleurs ou des objets totalement étrangers l'un à l'autre du point de vue de leur usage, rapprochés de manière inattendue. Dans le domaine de la décoration, par exemple, les voies ouvertes par les surréalistes ont enrichi les créateurs. C'est pourquoi on ne mesure plus aujourd'hui l'énorme impact provoqué à l'époque par l'apparition d'un tabouret aux jambes de femme ou d'une bonne sœur en cornette à bicyclette, comme on l'a vu dans les films surréalistes. Car, bien entendu, le cinéma fascine les surréalistes qui y voient la concrétisation même du rêve éveillé. De plus, les techniques cinématographiques permettent toutes sortes de jeux qui les enchantent car ils restituent une atmosphère de magie grâce aux surimpressions, aux caches, à l'accélération ou au ralenti du mouvement. *Entr'acte*, de René Clair, fait voler sur les toits un ballet de personnages hétéroclites et exerce sa verve sur les rituels sociaux ; le film de Buñuel et Dalí, *Un Chien andalou* (1930), succession arbi-

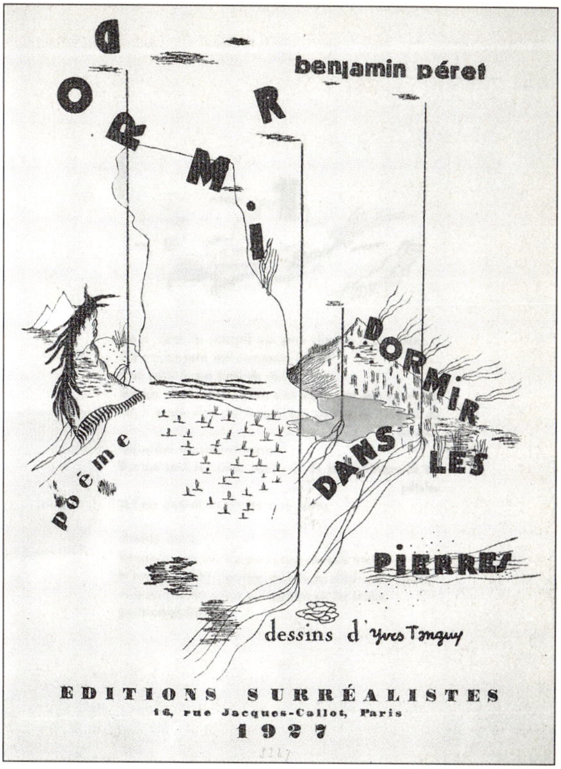

Lettres qui dansent, rébus, mots décomposés : les surréalistes pousseront très loin l'invention et l'imagination visuelles. Couverture de 1927 pour Dormir, dormir dans les pierres *de Benjamin Péret, l'un des animateurs les plus constants du surréalisme.*
Bibl. J. Doucet, Paris.
Ph © J.-L. Charmet/D.R.

N° 1 — Première année — 1er Décembre 1924

LA RÉVOLUTION SURRÉALISTE

SOMMAIRE

Préface : J.-A. Boiffard, P. Eluard, R. Vitrac.
Rêves : Georgio de Chirico, André Breton, Renée Gauthier.
Textes surréalistes : Marcel Noll, Robert Desnos, Benjamin Péret, Georges Malkine, Paul Eluard, J.-A. Boiffard, S. B., Max Morise, Louis Aragon, Francis Gérard.
Le rêveur parmi les murailles : Pierre Reverdy.
Chroniques : Louis Aragon, Philippe Soupault, Max Morise, Joseph Delteil, Francis Gérard, etc.
Notes.
Illustrations : Photos Man Ray, Max Morise, G. de Chirico, Max Ernst, André Masson, Pablo Picasso, Pierre Naville, Robert Desnos.

ABONNEMENT, les 12 Numéros : France : 45 francs — Étranger : 55 francs
Dépositaire général : Librairie GALLIMARD, 15, Boulevard Raspail, 15, PARIS (VIIe)
LE NUMÉRO : France : 4 francs — Étranger : 5 francs

En opposition à ceux qui croient que la création est le fruit d'un travail conscient et organisé, les surréalistes prônent la pensée libérée, spontanée de l'inconscient. Pour cela, ils utilisent le sommeil hypnotique, les hallucinations visuelles, auditives et même tactiles et, surtout, ils inventent l'écriture automatique qui n'obéit à aucune loi logique, qui ne cherche pas le sens, qui ne veut pas communiquer ni exprimer, mais simplement exister — sa force venant justement de son incohérence et de la décharge que cette libération produit chez le lecteur. Les séances d'écriture automatique se font soit individuellement, soit collectivement. Dans le Manifeste du surréalisme, *André Breton donne les recommandations suivantes :*

“Faites-vous apporter de quoi écrire, après vous être établi en un lieu aussi favorable que possible à la concentration de votre esprit sur lui-même. Placez-vous dans l'état le plus passif ou réceptif que vous pourrez. Faites abstraction de votre génie, de vos talents et de ceux de tous les autres. Dites-vous bien que la littérature est le plus triste chemin qui mène à tout. Ecrivez vite sans sujet préconçu, assez vite pour ne pas retenir et ne pas être tenté de vous relire. La première phrase viendra toute seule… Il est assez difficile de se prononcer sur le cas de la phrase suivante… Peu doit vous importer d'ailleurs. Continuez autant qu'il vous plaira. Fiez-vous au caractère inépuisable du murmure. Si le silence menace de s'établir pour peu que vous ayez commis une faute… à la suite du mot dont l'origine vous semble suspecte, posez une lettre quelconque, la lettre *L* par exemple, toujours la lettre *L* et ramenez l'arbitraire en imposant cette lettre pour initiale au mot qui suivra…”

La Revue surréaliste *publie de nombreux textes obtenus par écriture automatique. En voici un exemple parmi tant d'autres :*

“Des canons de neige bombardent les vallées du désastre permanent. Cadavres périmés, les périmètres de l'azur ne sont plus chambres pour l'amour et la peste au sourire d'argent entoure les fenêtres de cerceaux de platine. Les métaux en fusion sont filtrés sur des buvards de pigeons géants ; puis, concassés, ils sont expédiés vers les volcans et les mines. Traînées de plomb, traînées de marbre, minéraux et carbones, monde souterrain où personne ne voyagea, n'êtes-vous pas l'esprit chu aux pieds de la mort ? Limon rouge des océans, lacs métalliques, poissons aveugles, algues blanchâtres, mystères de la profondeur, insolubles reflets du ciel ! Et voilà la périphérie des météores et les orbites des comètes qui s'évanouissent dans la gloire d'un chêne plus vieux que la lune. Les astéroïdes se dispersent sur toutes les nations. Les femmes en recueillent pour orner leur piano, des hommes tendent leur chapeau, les enfants crient et les chiens pissent contre les murs tachés de cervelle.”

Raymond Queneau, *La Révolution surréaliste*, n° 5, 1925.

Un des exercices-jeux inventés par les surréalistes, qui devient par la suite fort prisé dans les salons parisiens, est celui dit des “Cadavres exquis”. Il s'agit de se mettre à plusieurs autour d'une table et de faire circuler un papier où chaque participant inscrit un mot sans voir celui écrit par son voisin précédent. Le résultat donne lieu à une phrase qui est considérée comme une véritable “œuvre”. La première fois que les surréalistes se livrèrent à cet exercice, le texte final donna : “Le cadavre exquis boira le vin nouveau”, et c'est sous ce nom qu'il resta dans l'histoire littéraire. ■

Ph © J.-L. Charmet

traire d'images oniriques, de fantasmes, de scènes frappantes où l'on voit un homme muni d'un rasoir énucléer une femme et traîner un piano sur lequel est jeté un cheval mort, effraie le public qui crie au scandale. Les manifestations officielles comme l'Exposition coloniale ou le Salon des Arts décoratifs sont des occasions idéales pour ce genre d'interventions et ils ne s'en privent pas. Eux-mêmes organisent en 1925 la première exposition des peintres surréalistes où les œuvres de Paul Klee, Juan Miró, André Masson, Pablo Picasso provoquent les rires et les lazzi des visiteurs.

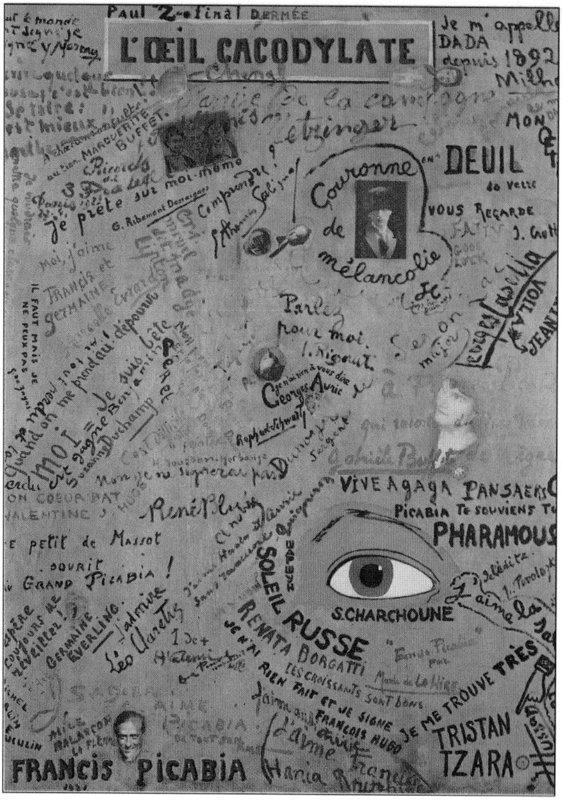

L'œil cacodylate *(1921), par Francis Picabia (1879-1953). "Je ne suis pas peintre, je ne suis pas littérateur, je ne suis pas musicien, je ne suis pas professionnel, je ne suis pas amateur." La démarche de Picabia, membre de Dada puis du groupe surréaliste, s'inscrit dans le refus de toute norme et de toute étiquette. Il rompt avec Breton en 1924.*
Musée national d'Art moderne, Paris. Ph © Giraudon/D.R.

Surréalisme et politique

Le groupe est loin cependant d'être toujours aussi homogène. Sous la férule de Breton, les exclusions succèdent aux réconciliations, les coupables étant invariablement accusés de trahison envers l'esprit surréaliste — par exemple pour avoir fait des concessions aux "bourgeois" — ou envers sa pratique pour avoir manqué d'audace lors d'une manifestation publique. L'année 1929 voit ainsi les exclusions d'Antonin Artaud et de Philippe Soupault, qui reconnaissaient une valeur à l'activité littéraire, puis de Georges Limbour, André Masson, Roger Vitrac, Robert Desnos. Mais d'autres rejoignent le mouvement : le sculpteur Alberto Giacometti, les peintres René Magritte et Victor Brauner. Aragon publie *Le Traité du style*, véritable jeu de massacre contre toute la critique traditionnelle, mais aussi contre certains surréalistes. Car l'amitié qui les lie, exigeante et passionnée, génère aussi des rancœurs tenaces et des haines violentes. Voici

Le cinéma fascine les surréalistes qui y voient la concrétisation même du rêve éveillé. Film composé en 1924 pour meubler l'entracte des Ballets suédois, Entr'acte *de René Clair fit scandale par son anticonformisme, sa dérision des rites (un enterrement) et son ironie.*
Ph © Cinémathèque française

comment Breton répond à une lettre amicale et anodine de Joseph Delteil qui lui recommande un journaliste roumain : "Merci pour le journaliste roumain, mais j'ai déjà fort à faire avec toutes sortes d'emmerdeurs. Parmi lesquels, depuis quelques mois, j'ai le regret, Joseph Delteil, de vous compter. Entre nous, votre *Jeanne d'Arc* est une vraie saloperie. Je me suis assez bien mépris sur votre compte, mais qu'à cela ne tienne. Vos innombrables papiers sur *L'Intransigeant*, vos plaisanteries infâmes sur l'amour, comme celles qu'a publiées *La Révolution surréaliste*, les belles déclarations que vous avez faites à un certain Robert Gary (...)" On imagine la stupeur du récipiendaire !

Mais le désaccord devient plus grave à partir de 1925, à cause de l'attirance exercée sur certains d'entre eux par l'idéologie communiste, incarnée par le jeune Parti communiste français fondé à Tours en 1920 à partir de la scission du parti socialiste (la SFIO). Dès ce moment se pose, en effet, la question de la conception de la révolution. Les surréalistes affirment haut et fort que celle-ci ne peut se faire que par la poésie, dans un mouvement de subversion totale qui commence par bouleverser l'esprit et les mentalités. La révolution de 17 leur paraît tout d'abord une "misérable crise ministérielle", et Aragon,

dans un texte violent, insulte même le nouveau pouvoir soviétique sous le terme de "Moscou la gâteuse", ce qui lui attire les foudres du journal communiste *Clarté*. Dans sa réponse, il réitère : "(…) Je place l'esprit de révolte bien au-delà de toute politique. Qu'avez-vous fait, au bout du compte, fameux hommes d'action, si fiers de ne pas vous embarrasser des moyens, depuis que le monde est monde ? La révolution russe, vous ne m'empêcherez pas de hausser les épaules. A l'échelle des idées, c'est tout au plus une vague crise ministérielle. Il siérait vraiment que vous traitiez avec un peu moins de désinvolture ceux qui ont sacrifié leur existence aux choses de l'esprit. Je tiens à répéter dans *Clarté* même que les problèmes posés par l'existence humaine ne relèvent pas de la misérable petite activité révolutionnaire qui s'est produite à notre orient au cours de ces dernières années. J'ajoute que c'est par un véritable abus de langage qu'elle peut être qualifiée de révolutionnaire." ("Communisme et Révolution" in *La Révolution surréaliste*, 1925). (Violente diatribe qui ne manque pas de sel quand on sait que, quelques années plus tard, l'auteur deviendra le chantre le plus fidèle du parti.)

Ce qui n'empêche pas certains membres comme Naville de se rapprocher du communisme — il deviendra plus tard un proche de Trotski. Les surréalistes ne peu-

L'Age d'or, *de Luis Buñuel. Subversive, insolente, l'œuvre fit scandale à sa sortie, en 1930. L'Action française manifesta violemment lors de sa projection, ce qui entraîna l'interdiction du film.*

Ph © Cahiers du Cinéma

vent en effet ignorer la force révolutionnaire de l'idéologie communiste, ni la formidable présence de la révolution soviétique. Ils doivent reconnaître que la révolution a peut-être plus de chances de se réaliser selon les préceptes marxistes qu'en se fiant au seul pouvoir subversif de la poésie, du rêve, de l'imaginaire. Faut-il changer le monde matériel pour transformer la vie ou au contraire faut-il changer l'esprit pour changer la vie ? L'enjeu, de taille, va faire l'objet de multiples discussions et clivages intellectuels durant les années à venir. Fidèle en cela à Rimbaud, Breton ne variera jamais de ses positions, tout en se montrant conscient du risque d'enfermement qu'elles comportent. Il est aussi soucieux de préserver l'autonomie de son mouvement, de ne pas en faire un appendice du parti, mais espère aussi sauvegarder l'unité de ses troupes. De son côté, le parti communiste tient en suspicion ces révolutionnaires en chambre, qui prétendent détruire les conditions de vie bourgeoise par des activités individualistes et désordonnées.

La crise éclate lorsque Louis Aragon, parti représenter le mouvement au IIe Congrès international des Ecrivains révolutionnaires à Karkhov, en revient… communiste ! Breton esquisse alors un rapprochement avec *Clarté* et avec le groupe Philosophie qui rassemble des marxistes comme Henri Lefebvre, Norbert Guterman, Georges Polit-

L'AMOUR ADMIRABLE ET LA VIE SORDIDE

Véritable fer de lance du mouvement, la revue des Surréalistes accueille les textes des membres du groupe, des tracts, des manifestes, édités plus tard de manière autonome, des prises de position, des enquêtes provocatrices sur des sujets tabous, le suicide, par exemple, ou l'amour, dans lesquelles on demande aux lecteurs de répondre aux questions suivantes :

I. Quelle sorte d'espoir mettez-vous dans l'amour ?

II. Comment envisagez-vous le passage de l'IDEE DE L'AMOUR au FAIT D'AIMER ? Feriez-vous à l'amour, volontiers ou non, sacrifice de votre liberté ? L'avez-vous fait ? Le sacrifice d'une cause que jusqu'alors vous vous croyiez tenu de défendre, s'il le fallait, à vos yeux, pour ne pas démériter de l'amour, y consentiriez-vous ? Accepteriez-vous de ne pas devenir celui que vous auriez pu être si c'est à ce prix que vous deviez de goûter pleinement la certitude d'aimer ? Comment jugeriez-vous un homme qui irait jusqu'à trahir ses convictions pour plaire à la femme qu'il aime ? Un pareil gage peut-il être demandé, être obtenu ?

III. Vous reconnaîtriez-vous le droit de vous priver quelque temps de la présence de l'être que vous aimez, sachant à quel point l'absence est exaltante pour l'amour, mais apercevant la médiocrité d'un tel calcul ?

IV. Croyez-vous à la victoire de l'amour admirable sur la vie sordide ou de la vie sordide sur l'amour admirable ? ■

La Révolution surréaliste, n° 12, 15 décembre 1929.

Noire et blanche, *photographie de Man Ray réalisée en 1926, effectua le rapprochement audacieux entre le visage d'une beauté classique du modèle endormi et la tête africaine. On doit aux surréalistes la découverte et surtout la valorisation de l'art nègre.*
Ph © Musée national d'Art moderne, Paris

zer et Georges Friedmann. En 1929, le second *Manifeste* réaffirme sa sympathie pour la révolution, mais sans sacrifier les idées surréalistes. Breton reconnaît que la lutte des classes est le moteur privilégié de la révolution, mais il a du mal à accepter la théorie de l'art socialiste, l'obéissance à la ligne du parti, la reconnaissance de l'URSS comme seul modèle révolutionnaire et, d'une manière générale, le conformisme communiste. Faisant taire ses réticences, il demandera cependant son inscription au parti mais sera exclu quelques années plus tard, tandis que d'autres comme Aragon s'y associeront étroitement et changeront complètement d'orientation littéraire, surtout à partir des années trente lorsque se profileront les dangers du fascisme et du nazisme.

Mais en fin de compte, ce ne sont pas tant les œuvres littéraires proprement dites que l'anticonformisme, l'insolence, l'audace du surréalisme qui ont marqué les années vingt de manière fondamentale. Son influence continuera à s'exercer dans les années suivantes, moins par son activité créatrice que par la transformation des attitudes mentales. Le mouvement surréaliste a ouvert les voies de l'imaginaire et du possible et, surtout, il a rappelé que l'artiste est, avant tout, un rebelle et qu'il n'appartient à aucun conformisme ni à aucun ordre.

Chapitre 3

LE TRIOMPHE DU SEPTIÈME ART

TOUT EN DEVENANT TRÈS POPULAIRE, LE CINÉMA DES ANNÉES VINGT VOIT NAÎTRE DES ŒUVRES PUISSANTES QUI, AVEC FRITZ LANG EN ALLEMAGNE OU EISENSTEIN EN UNION SOVIÉTIQUE, CONTRIBUENT À FAIRE DE LUI UN "ART" À PART ENTIÈRE.

C'est après la guerre que le cinéma devient réellement un divertissement de masse. Cantonné jusqu'alors dans les baraques foraines provisoires et les représentations itinérantes, il occupe une place de choix dans les divertissements populaires. Les distributeurs de salles se multiplient, prévoient leurs programmes et observent les goûts d'un public qui n'est plus composé de quelques curieux ; la production des films s'organise ; les metteurs en scène deviennent de véritables professionnels, les acteurs de théâtre adaptent leur jeu au nouveau médium, des studios se construisent et mettent à la disposition des réalisateurs une gamme de plus en plus étendue de moyens techniques et d'espaces. Cependant, les films sont muets et, pour pallier cet inconvénient, les acteurs expriment par des mimiques accentuées les émotions et les caractéristiques des personnages. Les intertitres remplissent la fonction de dialogue, expliquent l'action et la commentent, car il faut que le public puisse suivre le déroulement des événements mais aussi l'état psychologique des protagonistes.

La projection est accompagnée d'une musique ininterrompue, parfois œuvre de compositeurs connus, comme Sergueï Prokofiev, parfois laissée à l'initiative du pianiste. Celui-ci — ou celle-ci, car les femmes exercent souvent ce métier —, installé en dessous de l'écran, suit sa partition à la lumière parcimonieuse d'une petite lampe ; parfois, il improvise en fonction de l'action — violente ou mélodramatique —, accentuant la signification des ima-

Affiche de M *(1931), le film le plus célèbre de Fritz Lang, qui transcende expressionnisme et réalisme. Il décrit l'atmosphère trouble et menaçante de l'Allemagne deux ans avant la prise de pouvoir par les nazis.*
Ph © A.K.G., Berlin

***T**ournage en studio, en 1913. A cette époque, le film était une réplique du théâtre, d'où un certain statisme dans les plans.*
Ph © Coll. Viollet

ges muettes. Ce n'est qu'en 1927 que le son sera introduit dans le cinéma avec un film américain, *The Jazz Singer*.

L'affirmation du cinéma artistique

Mais, tout en se développant comme distraction de masse, le cinéma acquiert parallèlement ses lettres de noblesse en tant que véritable création artistique. Les écrivains, les peintres, les intellectuels ne dédaignent plus d'y participer en écrivant des scénarios, en adaptant des œuvres littéraires, en créant des décors ; les premiers critiques spécialisés dans le cinéma réfléchissent et élaborent des théories sur ce nouveau mode d'expression.

Dans les premiers temps, le cinéma dit artistique se contente de transposer à l'écran les classiques du théâtre et les pièces à succès ; sans beaucoup d'imagination, les réalisateurs plantent leur caméra devant le plateau et filment simplement les acteurs récitant leur texte. Le résultat, pâle copie de la représentation théâtrale, est médiocre, conventionnel et ennuyeux. Il faudra tout un processus de découvertes et de tâtonnements pour que la caméra se libère de cette fixité monotone, qu'elle devienne mobile et active. En la déplaçant dans l'espace par rapport au sujet filmé, on invente — l'Américain

David Griffith est le premier à le faire — la série de grandeur des plans : du gros plan de visage qui envahit tout l'écran au plan d'ensemble embrassant un paysage ou une foule, avec tous les jalons de plans intermédiaires. On permet aussi à la caméra d'accompagner un personnage se déplaçant — *travelling* —, de s'élever verticalement ou horizontalement sur son axe — panoramiques — et de multiplier les angles de prises de vues par rapport à un espace donné.

Premier film parlant, The Jazz Singer *(1927), d'Alan Crosland, révolutionna le cinéma. Avec l'introduction du son au cinéma, grand nombre d'acteurs célèbres du muet furent éliminés car leur voix "ne passait pas".*
Ph © Cinémathèque française

L'expressionnisme allemand

Cette mobilité de la caméra a été utilisée de manière frappante par le cinéma allemand des années vingt, un cinéma puissant, original, lequel, avec le cinéma soviétique — qui lui est contemporain —, inscrit cette nouvelle forme d'expression dans le panthéon des formes artistiques et lui accorde une septième place.

Au début de ces années, le courant expressionniste, dominant jusqu'alors dans la littérature et la peinture allemandes, abandonne ces deux domaines pour se réfugier dans le cinéma. Au sortir de la guerre, l'Allemagne, écrasée, vaincue, vit dans les convulsions (la révolution spartakiste avortée), la violence (les combats de rue, les grèves), l'effondrement d'un monde fondé sur l'ordre, la hiérarchie sociale, la discipline, le culte de l'obéissance et des traditions. L'empereur abdique, la république se met en place, dominée par des sociaux-démocrates, neufs en politique, hésitant entre les réformes nécessaires et la crainte de toucher à l'édifice. L'état d'esprit général oscille entre la honte de la défaite et l'espoir d'un renouveau, sans qu'un avenir apparaisse clairement à travers

Le personnage de Caligari, *film de Robert Wiene (1924), est un hypnotiseur qui se sert d'un homme endormi pour exécuter meurtres et enlèvements. C'est le type même du grand film expressionniste : ambiguïté des situations, imprécision de la réalité, rôle du rêve. Les décors sont construits, déformés ; le tout donne une impression d'étrangeté et d'inquiétude.*
Ph © Cinémathèque française

les méandres d'une politique gouvernementale qui navigue à courte vue. L'effondrement de l'économie, l'inflation galopante, la paupérisation, le chômage annihilent les frontières entre le bien et le mal, entre le passé et le présent, le réel et le rêve. La réalité est floue, ses limites imprécises, et il est difficile de décider sur quelles valeurs on va maintenant se déterminer. Cette ambiguïté du réel, cette dérobade constante vont être transposées artistiquement dans toute une série de films grâce à l'utilisation magistrale des techniques cinématographiques : surimpressions, fondus enchaînés, caches, ralentissements, qui caractérisent l'expressionnisme cinématographique.

Ces films affectionnent l'atmosphère trouble, l'ambiguïté des sentiments, les espaces indéfinis, les situations inexplicables. Les objets sont stylisés, doués d'une vie propre, ils contribuent à donner du monde une image inquiétante, traversée par des forces obscures qui échappent à l'individu. Celui-ci est le jouet du destin. Son âme ne lui appartient pas, et le thème du miroir qui reflète et absorbe cette âme est une constante dans ce cinéma. Dès avant la guerre, le cinéaste Paul Wegener avait mis

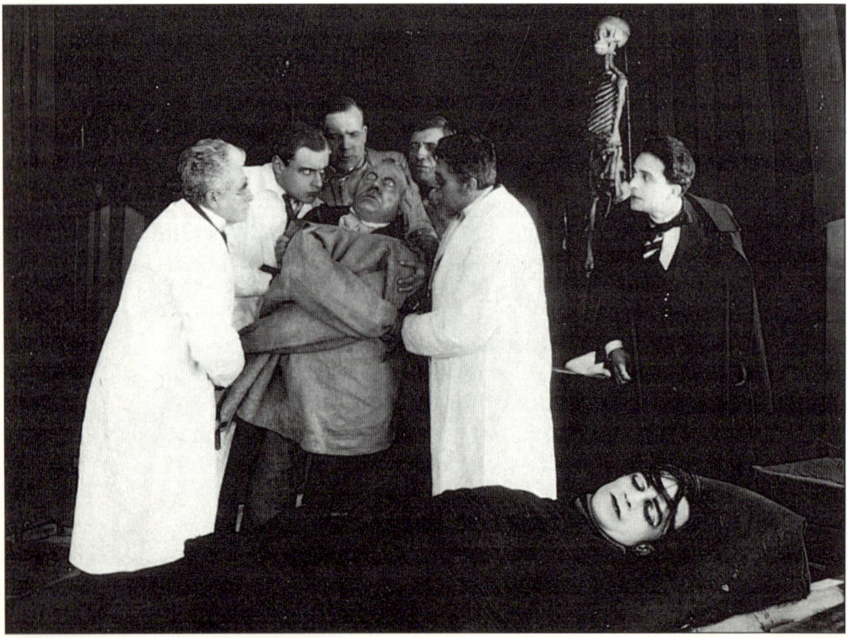

en scène une vieille légende juive, *Le Golem* (en deux versions, 1914 et 1920) — histoire d'un robot fabriqué par un rabbin savant qui échappe à son créateur et sème le mal —, en utilisant le récit fantastique pour jouer avec les ombres et les lumières et donner une étrangeté aux objets et aux personnages. Par la suite, *Le Montreur d'ombres*, d'Arthur Robison (1923), frappa les spectateurs par son analogie avec le rêve. Il s'agit d'une séance d'hypnotisme — et nous verrons que ce thème est fréquent à cette époque dans le cinéma expressionniste allemand — provoquée par un spectacle d'ombres au cours duquel un mari jaloux exorcise sa jalousie par le meurtre de sa femme. L'habileté du réalisateur consiste à entretenir l'ambiguïté quant à la réalité du drame. A la fin, le réel reprend ses droits, mais, grâce aux forces obscures mises en jeu par le magicien, le drame est dénoué.

Le personnage de *Caligari*, film de Robert Wiene (1924) sur un scénario de Carl Mayer, est un hypnotiseur qui se sert d'un homme endormi pour exécuter des meurtres et des enlèvements. Dans une baraque foraine ou un asile de fous, il manipule son esclave et jette le trouble

La légende du vampire inspirera beaucoup de cinéastes. Avec Nosferatu *(1922), Murnau en fournit un exemple hallucinant où le jeu des ombres et de la lumière crée l'espace et l'ambiance.*

Ph © A.K.G., Berlin

Lang ne serait pas un si grand cinéaste s'il en était resté à l'expressionnisme, dont il se dégage peu à peu tout en en gardant certains traits. La situation sociale et économique de son pays ne sera pas longtemps absente de ses préoccupations. En 1926, *Metropolis* aborde la question cruciale de cette époque qui divise les partis politiques et déterminera le cours de l'histoire d'une partie de l'Europe, celle de la lutte des classes. Le scénario, de Thea von Harbou, met en présence de manière schématique les deux classes qui composent la société capitaliste, les travailleurs et les patrons. Les premiers sont exploités comme des esclaves, les seconds vivent dans l'insouciance et les plaisirs. La révolte éclate, mais la réconciliation entre le travail et le capital se fait par l'intermédiaire du christianisme qui prône l'amour du prochain. Le film est frappant par des images contrastées, qui groupent de manière théâtrale les masses de travailleurs dans des décors géométriques. Certaines scènes sont inoubliables : la descente des longues files des travailleurs dans les mines, la description de la ville souterraine et, surtout, de l'immense usine où ils s'engouffrent comme les antiques victimes du dieu Moloch livrées au feu du sacrifice, l'inondation de la ville et le sauvetage des enfants. Enfin, on y retrouve le thème de la science au service du pouvoir, de l'hypnotisme qui endort les masses et de la haute technicité comme moyen de contrôle de la société (anticipant sur la réalité, on y voit même un circuit intérieur de télévision).

Ce film est une tentative de réconciliation à un moment où les affrontements politiques se font de plus en plus violents dans le pays. Le parti nazi ne cache plus ses ambitions et ne craint pas d'utiliser la démagogie pour attirer les classes populaires misérables et les classes moyennes menacées par le chômage. Mais il utilise

aussi la violence ; et cela, Lang va le montrer en 1931 dans son film suivant, *M.*
Personne à l'époque ne fit le rapprochement entre l'histoire de ce criminel de petites filles et l'atmosphère de violence qui régnait en Allemagne. Personne, sauf les nazis eux-mêmes qui, apprenant que Lang s'apprêtait à tourner un film s'intitulant *Les Assassins sont parmi nous*, s'en émurent et le contraignirent à changer son titre — qui devint *M.* Ils faisaient preuve en cela de plus de lucidité que les critiques de cinéma qui virent dans le film une performance exceptionnelle, une grande œuvre, mais sans en remarquer le rapport avec les événements de l'époque. Pourtant, ils sont de nos jours unanimes à voir dans la bande de criminels organisés qui prend en main la recherche du meurtrier, parallèlement à une police impuissante, l'image des bandes nazies qui terrorisaient leurs adversaires. La scène finale du pseudo-tribunal populaire — composé de truands —, qui se targue de représenter la Loi et ridiculise les institutions de l'Etat jugées défaillantes, est sans ambiguïté : il s'agit bien d'une prétention à la prise de pouvoir par une organisation qui entend se substituer au pouvoir légal. *M* lui-même, le meurtrier, n'est-il pas le produit d'une société malade, rongée par le sentiment d'impuissance et ligotée par l'hypocrisie ?
Quoi qu'il en soit, le film — un des premiers films sonores européens — connut un franc succès. La gloire de Lang était telle que, lorsque les nazis prirent le pouvoir, Goebbels, ayant compris l'importance du cinéma dans la manipulation des populations, l'appela pour lui offrir la direction de tout le cinéma allemand. Le soir même, alors que sa femme s'inscrivait au parti nazi, le cinéaste prenait le train pour la France puis pour les Etats-Unis, où il entama une seconde et longue carrière. Il ne devait revoir son pays qu'après la Seconde Guerre mondiale. ■

Lorsque Lang tourne Metropolis *en 1926 (page de gauche), c'est l'époque où, en Allemagne, communistes, socialistes et nazis s'affrontent dans la violence. Dans* M*, Lang cherche désespérément une solution humaniste à un conflit insoluble. Il quittera l'Allemagne à l'arrivée des nazis au pouvoir alors que ceux-ci lui offraient la direction du cinéma allemand.*

p. 72 bas Ph © Cinémathèque française
p. 72-73 2 Ph © A.K.G., Berlin

Le cinéma expressionniste se caractérise par le flou, l'ambiguïté, l'effacement des frontières entre le réel et l'imaginaire.

dans l'esprit des protagonistes par son ubiquité et son pouvoir maléfique. Le jeune héros du film, à la recherche de la véritable identité de Caligari, finira par perdre la raison. Ce film, comme tous les films expressionnistes, joue de l'ombre et de la lumière pour créer une atmosphère pesante, étrange ; les décors entièrement fabriqués en studios sont volontairement artificiels : les murs des maisons sont courbes, les perspectives brisées, les rapports entre les distances faux. L'espace est clos, étouffant, et les objets fortement individualisés, lourds de menaces et de significations cachées. Les spectateurs subissent une sorte d'écrasement fatal, une angoisse diffuse et, en même temps, admirent l'indéniable plastique d'une œuvre envoûtante. *Caligari*, qui fut salué comme la première œuvre d'art à l'écran, est le film phare de cette époque ; il résume l'esprit et les techniques de la veine expressionniste et place d'emblée le cinéma allemand au premier plan de la production mondiale.

Nosferatu le Vampire, de Murnau (1922), reprend le vieux thème du vampire suceur de sang qui connaîtra une vogue sans interruption à l'écran. Pour donner une impression de rêve, d'irréalité et en même temps d'angoisse, le réalisateur multiplie les trucages : la voiture du vampire se déplace comme un véhicule fantôme dans des paysages lunaires, des forêts pétrifiées ; le bateau fantôme glisse comme dans un rêve sur des eaux glacées. Issu du croisement entre le romantisme allemand et les contes fantastiques d'Hoffmann, le film fascina tous les publics, surtout en France où furent saluées la beauté des images et la rigueur du montage.

Le même scénariste, Henrik Galeen, écrivit le script d'un autre film, *Le Cabinet des figures de cire*, réalisé par Paul Leni, 1924. Un jeune poète découvre des mannequins de cire dans une baraque de forains et imagine trois histoires à partir de ces personnages. Les jeux de lumière, les manipulations d'ombres, les surimpressions typiquement expressionnistes plongent le spectateur dans l'angoisse et la peur. Véritable cauchemar, le film est entièrement bâti sur les tortures que font subir le tsar Ivan le Terrible, le sultan Haroun al-Rachid et le criminel fou Jack l'éventreur à des victimes sans défense. La cruauté des personnages est atténuée par le fait qu'il s'agit de figures de cire et non de personnages réels, mais la

puissance de l'image est telle que la peur envahit le spectateur, soulagé à la fin de redécouvrir qu'il s'agissait d'une fiction et qui sort du film comme d'un mauvais rêve.

C'est dans le rêve que Lang situera la légende des héros fondateurs de la culture germanique avec Les Niebelungen, *film réalisé en 1924.*
Ph © Cinémathèque française

Un espace onirique

A l'époque, d'ailleurs, le cinéma est comparé au processus du rêve. Les critiques font couramment cette analogie. L'isolement du spectateur et l'obscurité de la salle de projection abolissent le monde extérieur et plongent le spectateur dans un espace onirique, irréel, qui s'apparente au monde du rêve dont Freud vient alors de faire l'analyse. La fascination exercée par les images, l'utilisation des gros plans pour transmettre au spectateur les émotions des personnages, l'aspect encore un peu statique des plans, leur longueur provoquent chez un public non encore accoutumé une sensation voisine de l'hypnose.

Le thème de l'hypnose fait d'ailleurs fureur à cette époque. Un grand metteur en scène, le plus célèbre d'Allemagne, Fritz Lang, va en faire le leitmotiv de sa série *Mabuse*. Fritz Lang a déjà réalisé un certain nombre de films en collaboration avec sa femme Thea von Har-

Le réalisme au cinéma s'attache à montrer la vie difficile des petites gens, des chômeurs, des ouvriers, de tous ceux qui souffrent de la situation économique désastreuse de l'Allemagne d'après guerre.

bou, qui est scénariste. Ses œuvres sont imprégnées de culture allemande et souvent inspirées des légendes nordiques, comme *Les Nibelungen* (1924), qui mettent en scène les aventures de personnages mythiques germaniques — Siegfried, Brunhilde —, des animaux de légende comme le dragon, et des paysages émouvants, un bois de bouleaux au pied d'une source, un brouillard aérien, un ravin profond. L'ensemble dégage une sorte de magie à laquelle le public, même étranger, n'est pas insensible.

Un autre film de Lang impressionna les critiques et le public par son atmosphère métaphysique et oppressante, *Les Trois lumières* (1921), dont le personnage principal est la Mort. Elle demande à une jeune fille dont le fiancé vient de mourir de lui apporter trois âmes — symbolisées par trois lumières — en échange de la vie de son amoureux. Le film étonna par des trouvailles visuelles encore remarquables de nos jours : le mur énorme qui sépare le domaine des mortels de celui des vivants, l'interminable escalier que doit gravir la jeune fille pour y rencontrer la Mort concourent à l'inexorabilité du destin et à l'impuissance humaine devant ses décrets.

Le *Docteur Mabuse* (1922), toujours de Fritz Lang, est lui aussi un hypnotiseur qui se sert de sa technique pour dominer le monde. Il manipule les hommes et les femmes de toutes les couches de la société en excitant leurs passions et en profitant de leurs faiblesses pour réaliser son grand dessein : maîtriser le monde. Conçu selon un schéma de film policier, le *Docteur Mabuse* met en scène, non seulement les personnages classiques du mélodrame, mais surtout les ressources de la science en tant qu'instrument de domination du monde. Thème que Fritz Lang reprendra plus tard dans *Metropolis* (1926). La caractéristique de Mabuse est son anonymat : personne ne peut l'identifier car il endosse sans cesse des personnalités différentes et déroute toutes les recherches. Bien que le film soit de style expressionniste, il décrit aussi certains aspects de la société allemande d'après-guerre : la poursuite effrénée des plaisirs, l'absence d'ordre social, la décomposition d'une société qui a perdu ses valeurs et la menace implicite de la dictature. Fritz Lang sera tellement obsédé par ce thème du pouvoir d'un individu sur la société, qu'il fera deux autres *Mabuse* en 1932 et après la Seconde Guerre mondiale.

Murnau sur le tournage du Dernier des hommes, *chef-d'œuvre réalisé en 1924. La peur de la petite-bourgeoisie face au chômage et à l'exclusion se trouve au cœur du film. La déchéance du portier est à l'image du sort qui menace toute une partie des travailleurs allemands.*
Ph © Cahiers du cinéma

Le cinéma réaliste

Parallèlement au cinéma expressionniste existait un autre cinéma dit réaliste, qui était le fait d'artistes plus engagés politiquement et entendait décrire la vie quotidienne des pauvres, des humbles, soit à travers des mélodrames auxquels l'actrice danoise Asta Nielsen prêtait son visage douloureux, soit par des descriptions minutieuses de la réalité. Chez certains cinéastes, la frontière entre les formes expressionnistes et réalistes n'était pas rigoureuse car, comme pour tout créateur, les questions de forme n'étaient pas une question de mode mais de nécessité interne.

Ainsi, après *Nosferatu*, Murnau réalisa le chef-d'œuvre réaliste de l'époque, *Le Dernier des hommes* (1924), qui utilise cependant encore toutes les ressources de la poétique expressionniste, mais en l'intégrant à un réalisme sans ambiguïté puisqu'il s'agit de la déchéance d'un employé de grand hôtel. Portier dans un établissement de grand luxe, il se voit rétrogradé, à cause de son âge, à l'emploi humiliant de gardien des toilettes. La perte de son uniforme rutilant, de son autorité, de son statut social — plus que la diminution de salaire — est insoutenable pour le vieil homme qui cache sa disgrâce à sa famille et à ses voisins. La dernière image du film le montrant affalé sur sa chaise constitue l'un des grands

La ville, l'urbanisme, l'architecture sont au cœur des préoccupations des artistes de l'époque. Car ce monde du mouvement de la vie, du changement leur paraît prometteur d'ouvertures et de nouveautés.

moments de l'histoire du cinéma. Toute la misère du monde se trouve dans ce film : la peur du déclassement social, le prestige de l'uniforme et de l'autorité qu'il confère, les valeurs intériorisées par la petite-bourgeoisie sur lesquelles repose la société allemande. Les craintes des classes moyennes devant le chômage, la peur de la marginalisation sociale, le caractère impitoyable de l'organisation rationnelle du travail, mis en parallèle avec l'insouciance des clients du palace, le manque de solidarité de classe — les voisins qui méprisent le portier lorsqu'il a perdu son travail — sont analysés avec une ironie percutante par Murnau et permettent de comprendre la fascination qu'exercera plus tard la phraséologie démagogique de Hitler sur ce peuple désespéré. Avec *Le Dernier des hommes*, on n'est plus dans la fantasmagorie et le rêve ; on est bien dans le réel, un réel inquiétant qui, dix ans plus tard, sera secoué par la vague nazie.

Le cinéma réaliste est tout à l'opposé de l'expressionnisme. Au lieu d'enfermer l'individu dans un univers subjectif, il le replace dans son milieu social. Les personnes deviennent des types sociaux : prostituées, ouvriers, petits-bourgeois, employés, patrons sont définis clairement par leur profession, leur comportement, leur habillement. Les objets sont replacés dans la réalité quotidienne et leur fonction : une lessiveuse qui déborde, une horloge obsédante, un cigare caractérisent une atmosphère, un personnage.

Souvent, l'histoire est mélodramatique : filles mères abandonnées, prostituées au grand cœur, familles réduites à la misère, hasards malheureux donnent à ces films une teinture de misérabilisme qui peut sembler dater du XIXe siècle. Mais cet univers de pauvreté et de détresse correspond à une réalité. Les classes pauvres n'ont aucune garantie d'emploi ni de soutien social, le chômage atteint en premier lieu une petite-bourgeoisie effrayée par la menace de prolétarisation, la condition des femmes est tributaire des préjugés et des conventions. En général, les cinéastes réalistes, Georg Wilhelm Pabst, Lupu Pick, Bruno Rahn, Robert Siodmak, ont une vision critique de la société. Ce sont très souvent des hommes de gauche, appartenant au parti social-démocrate ou au parti communiste, qui sont puissants dans le pays. Ils éprouvent aussi un sentiment de désespoir devant

LA VILLE, LIEU DE TOUS LES POSSIBLES

La ville est le lieu de prédilection des réalisateurs de films réalistes.
La grande ville, avec ses tentations, ses rencontres, son luxe tapageur, mais aussi ses bas-fonds répugnants où se côtoient filles de joie, mères épuisées, souteneurs et enfants perdus. Walter Ruttmann magnifie Berlin dans *Berlin, symphonie d'une grande ville* (1927), documentaire qui se déroule pendant toute une journée depuis le réveil : travailleurs qui se pressent aux portes des usines, magasins ouvrant leurs volets, autobus, restaurants pleins de monde, agitation des passants, taxis... tournent dans une ronde de plus en plus rapide pour culminer avec les night-clubs illuminés et les plaisirs de la nuit. Le montage dynamique, la succession des images rendent bien la perception que l'on a, à cette époque, de l'esprit d'une grande ville moderne. Berlin, il ne faut pas l'oublier, était un centre intellectuel et artistique brillant, cosmopolite, d'avant-garde, où les couches intellectuelles jouissaient d'une liberté de mœurs exceptionnelle.
La rue est un des aspects de la ville dont la signification n'est pas sans ambivalence. A la fois lieu de perdition et de péché, elle est aussi espoir d'évasion pour les petits-bourgeois apeurés et frustrés.
On retrouve cette thématique dans presque tous ces films. *La Tragédie de la rue*, de Bruno Rahn, est un des grands succès commerciaux de 1927 ; prostituées victimes de souteneurs violents, fils de famille tentés par la chair, punition des méchants et retour à la maison dans le giron maternel, tous ces ingrédients de mélodrame peuvent sembler faciles, mais au-delà de l'histoire conventionnelle, on y trouve le climat de désarroi et d'inquiétude, de peur et de tentation du sexe, qui caractérise l'Allemagne prénazie. De même, *Asphalte*, de Joe May (1929), commence par de magnifiques plans de la ville en mouvement, lieu de tous les possibles et surtout de l'érotisme : on y voit une femme fumant une cigarette dans sa baignoire, vision audacieuse pour l'époque. ■

Photomontage extrait du film de Walter Ruttmann, Berlin, symphonie d'une grande ville *(1927), véritable ode à la ville et à ses habitants.*
Ph © A.K.G., Berlin

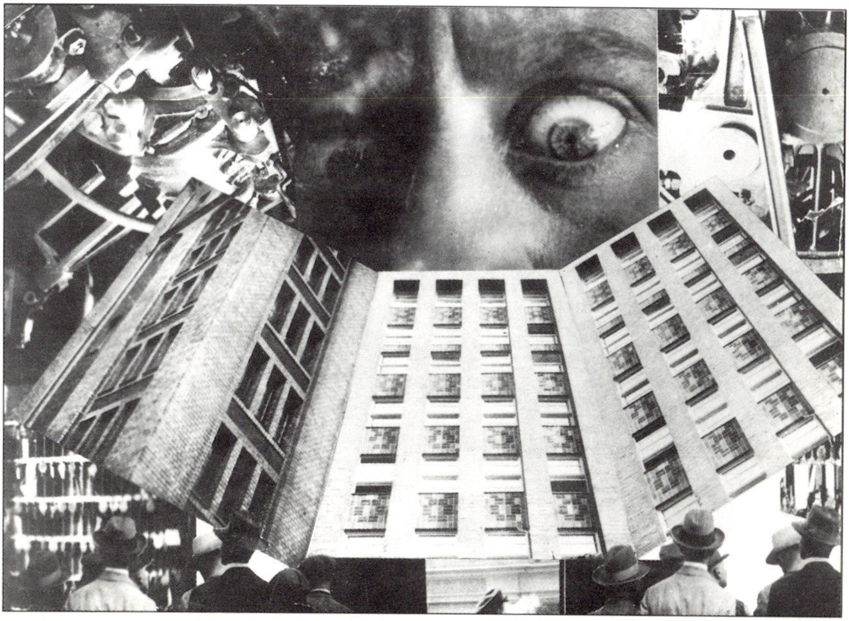

Deux grandes actrices du cinéma allemand : Asta Nielsen dans La Tragédie de la rue *(1927) de Bruno Rahn et Louise Brooks (ci-contre) dans* Loulou *(1928) de Pabst.*
Ph © A.K.G., Berlin

une situation apparemment sans issue. Certains de ces films, tout en se terminant par un “happy end” de circonstance, sont un constat sévère de la réalité. Ainsi, *Le Dernier des hommes* possède deux fins ; les producteurs ou distributeurs ayant jugé que la déchéance du portier risquait de choquer le public obligèrent Murnau à en changer la fin : devenu miraculeusement riche, le portier se retrouve client honoré et adulé par l'hôtel qui l'avait ignominieusement rejeté.

Avec la ville, le malheur des femmes constitue un thème favori de ces films. Séduites et abandonnées, les petites-bourgeoises chassées par leur famille tombent dans la prostitution, se régénèrent comme dans *Trois pages d'un journal* de Georg Wilhelm Pabst (1929), ou meurent misérablement. Ces films contiennent un appel à une morale plus compréhensive et une critique non déguisée des classes dominantes. L'exploitation par le travail, se doublant pour les femmes d'une exploitation sexuelle. Seul *La boîte de Pandora*, de Pabst, plus connu sous le titre de *Loulou* (1928), sur un thème de l'écrivain de théâtre Frank Wedekind, ose montrer une femme qui use de son pouvoir sexuel pour asservir les hom-

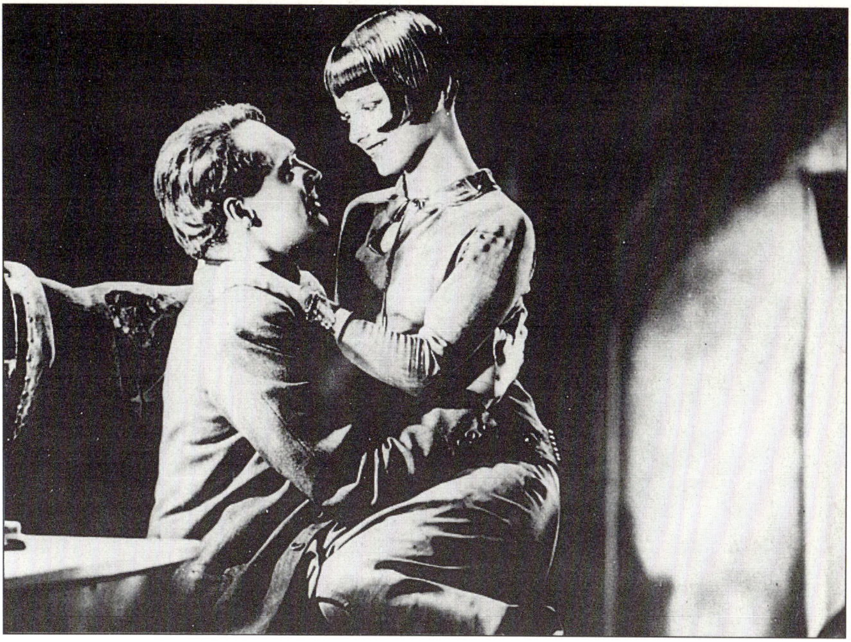

mes. L'éblouissante présence de Louise Brooks confère à cette histoire une aura, une magie inégalées. Avec sa frange lisse, ses yeux scintillants et douloureux, son corps libre dans des robes à la garçonne, elle incarne la séduction féminine, mais aussi l'ambiguïté d'un statut qui allie le pouvoir sur l'homme et la soumission à son désir. A la fois désirée et repoussée, elle mourra victime d'un criminel, Jack l'éventreur, dans une rue sordide de Londres. Sa beauté rayonnante et insolente fera entrer à jamais Louise Brooks dans le panthéon des stars mythiques du cinéma.

Chacune incarne un type de femme différent. Asta interprète les femmes perdues, abandonnées, victimes. Louise restera dans l'histoire du cinéma comme l'étoile éblouissante de la séduction féminine mais aussi de la soumission au désir de l'homme.
Ph © Cinémathèque française

Il n'y a pas que des filles perdues et des bourgeois dépravés dans le cinéma réaliste. Celui-ci est le premier à s'intéresser aux petites gens et à leur vie de tous les jours : vendeuses, chauffeurs de taxi, représentants de commerce, ouvriers sont les protagonistes simples d'une idylle, d'une rencontre qui servent de prétexte à décrire leur environnement. Ainsi, *Les Hommes, le dimanche*, de Robert Siodmak et Edgar George Ulmer (1929), décrit le long et ennuyeux dimanche de ces petits employés en congé. Petites disputes, promenades dans les faubourgs, repas alourdis, la vie monotone et sans espoir des pe-

Dans Westfront 1918 *(1930), Pabst prêche la solidarité et le pacifisme, en montrant les horreurs d'une guerre qui détruit toute une génération.*
Ph © Cinémathèque française

tits-bourgeois. *L'Enfer des pauvres,* de Phil Jutzi (1929), décrit minutieusement la misérable existence d'une mère de famille qui finit par se suicider dans les quartiers pauvres de Berlin. Nous sommes en 1929, et là apparaît le thème révolutionnaire du changement : à la fin du film, une foule de manifestants envahit l'écran. Appel à la révolte. La révolution bolchevique n'est pas loin et le parti communiste allemand puissant. *L'amour de Jeanne Ney*, adapté par Pabst (1927) — avec des modifications exigées par la production — d'un roman de l'écrivain soviétique Ilia Ehrenburg, mêle timidement le thème révolutionnaire à une histoire d'amour.

La fin des années vingt verra aussi la réalisation de films pacifistes avec *Westfront 1918* (*Quatre de l'infanterie*) en 1930 et *La Tragédie de la mine* (1931), qui s'efforcent de conjurer les menaces d'affrontement et de démythifier la guerre. Films chaleureux, prêchant la solidarité et la fraternité entre les hommes au-delà des nationalismes montants, mais dont les bonnes intentions furent balayées par les événements des années trente et quarante. Signe de l'incertitude des temps, leur réalisateur Georg Wilhelm Pabst se ralliera à la fin des années trente au régime nazi, reniant ainsi ses engagements. Par contre, beaucoup d'acteurs et de réalisateurs fuiront l'Allemagne nazie et l'Autriche, et s'installeront à Hollywood où ils contribueront à la gloire du cinéma américain.

Octobre et le choc de l'Histoire

Un landau d'enfant dévalant les larges escaliers d'Odessa, une foule prise de panique fuyant désespérément, des soldats impitoyables ajustant froidement les manifestants sans défense, tandis qu'au loin un cuirassé, le *Potemkine*, pointe ses canons : par ces images frappantes, le cinéma soviétique fait une entrée fracassante dans la production européenne, soulevant l'enthousiasme des critiques et du public français et allemand. Qu'ils soient favorables ou non au nouveau régime soviétique, le jugement est unanime : un grand cinéma est né. Il sera le meilleur propagateur de la nouvelle idéologie, la vitrine indéniable d'une nouvelle culture, d'un nouvel état de choses. Ses images superbes, son élan lyrique, son caractère épique transportent d'enthousiasme les spectateurs et éblouissent les critiques. D'autant plus que les cinéastes russes sont aussi des théoriciens. Lev Koulechov, Sergueï Eisenstein, Vsevolod Poudovkine, Dziga Vertov élaborent et défendent des conceptions nouvelles du montage, du cadrage, du rôle des acteurs.

Qu'ils soient favorables ou non au régime soviétique, le jugement des critiques est unanime : un grand cinéma est né.

Ils sont aussi en prise directe avec l'Histoire ; contemporains de la révolution de 1917, ils assistent à un effort gigantesque d'accouchement d'un nouveau monde et sont eux-mêmes pris dans la tourmente. Car le cinéma n'échappe pas à la mise en question générale effectuée par la révolution d'Octobre ; sa fonction, son rôle sont réévalués, analysés, à l'aune des besoins politiques et culturels du moment. On attend des cinéastes qu'ils participent, à leur manière, à l'élaboration du monde nouveau, et l'effervescence culturelle qui marque les premières années de la révolution n'épargne pas les metteurs en scène. D'autant que les dirigeants soviétiques, Lénine, Trotski — comme plus tard Staline —, conscients de l'immense impact de l'image sur les foules, ont très vite compris son importance stratégique. Lénine disait qu'il était le plus important de tous les arts et voulait en

faire l'instrument privilégié de la propagande du régime. En 1919, le cinéma est nationalisé et devient une section du commissariat à l'Instruction publique. Un comité est chargé d'établir une liste de thèmes pour la production à venir, de choisir le réalisateur le plus apte à tourner le scénario retenu, d'exercer ensuite un contrôle sur le film réalisé. Lénine lui-même a des goûts conservateurs concernant la culture : il affectionne les classiques et rejette le cinéma de divertissement. Selon lui et ses successeurs, le cinéma doit être un instrument d'éducation et transmettre aux masses les nouvelles valeurs révolution-

naires en se consacrant aux problèmes du moment. De nombreuses mesures seront d'ailleurs prises en ce sens. Des séances gratuites sont organisées dans les écoles, les usines et tous les lieux de travail ; des salles de projection itinérantes parcourent le pays — on met à contribution le chemin de fer, déjà utilisé par Trotski dans ses tournées au front. Le cinéma doit soutenir le régime, exalter les thèmes politiques selon la ligne du Parti (celle-ci fluctuant avec les luttes de tendances à l'intérieur des instances dirigeantes), collectivisation des campagnes, effort de guerre, lutte contre les Blancs, etc.

Réalisé en 1925, Le Cuirassé Potemkine *est le plus célèbre des films de cette époque. Le lyrisme du cinéaste, l'agencement dynamique des plans, le montage-choc exaltent les masses révolutionnaires. Le massacre de la foule sur les marches d'Odessa est devenu un morceau d'anthologie cinématographique.*
Ph © Cinémathèque française

Mais au début des années vingt, il n'est pas encore soumis de manière rigide aux diktats du pouvoir. Il jouit de la liberté créative, de l'invention, qui caractérisent la vie culturelle russe jusqu'en 1925. Les ateliers expérimentaux, les recherches formelles, les écoles esthétiques bouillonnent, s'affrontent, publient des manifestes, des prises de position sur le rôle de l'artiste dans la société et du cinéaste en particulier. Les grandes fêtes de commémoration donnent lieu à d'immenses célébrations orchestrées par des artistes, peintres et gens de théâtre, qui reconstituent sur l'immense place Rouge les mouvements de masse, les défilés, les manifestations des moments les plus frappants de la révolution, en s'inspirant des techniques du spectacle.

EISENSTEIN : UN SEUL HÉROS, LE PEUPLE

Eisenstein respecte le récit qui est toujours inspiré de l'histoire révolutionnaire, et lui donne un caractère universel par la plasticité de ses images, la force des gros plans, le soin accordé aux visages, et surtout l'absence de héros individuels. Acteur non professionnel, recruté parce qu'il incarne un "type" ou est doué d'une forte présence scénique capable de créer une figure idéale, le personnage, dans les films d'Eisenstein, est le peuple : soldat dans *Potemkine*, paysan dans *La Ligne générale* (1929) — exaltation de la collectivisation des terres avec une séquence devenue célèbre sur une écrémeuse —, ouvrier dans *La Grève* (1924), citadin enfin dans *Octobre* (1927), glorification de la révolution du même nom. La construction des plans s'apparente à l'esthétique classique : lignes de fuite, équilibre des volumes, répartition des ombres et des lumières ; mais Eisenstein invente des figures rhétoriques en faisant se succéder des images au premier abord éloignées l'une de l'autre, dont le rapprochement provoque du sens et une émotion. Par exemple, en juxtaposant un plan d'une manifestation à une image d'animaux conduits à l'abattoir, il suggère et rend frappante, sans la montrer, la sauvagerie de la répression qui va s'abattre sur les manifestants. Dans *Octobre*, la statue du tsar s'anime et vacille pour indiquer que le pouvoir est en train de tomber ; Kerenski grimpe à grandes enjambées les escaliers du palais d'Hiver, tandis que les intertitres successifs annoncent son ascension vers le pouvoir, tout en le ridiculisant. ■

*Eisenstein sur le tournage d'*Octobre *(1927). Il élabora toute une théorie sur le montage, développée dans ses écrits. Son but était de provoquer l'émotion du spectateur par un assemblage frappant d'images.*
Ph © Cinémathèque française

A *l'opposé d'Eisenstein, Vertov, dans* L'Homme à la caméra, *ne fonde pas l'impact de son film sur l'émotion mais sur la surprise et l'invention. La technique est ici davantage au service de la construction.*
Ph © Cinémathèque française

Car les réalisateurs sont bien conscients du pouvoir de leur art et du danger que représente pour leur créativité un endoctrinement trop rigoureux ; ils n'en demeurent pas moins des participants, des acteurs du nouvel ordre, et trouvent dans l'histoire récente et présente un réservoir d'événements, d'émotions, uniques pour l'expérience d'un artiste. Le public étranger y verra non seulement "un des plus beaux cinémas du monde", mais un reflet de la réalité du pays. Difficile de ne pas se laisser émouvoir par l'enthousiasme de la foule envahissant le palais d'Hiver, par l'élan fraternel des marins révoltés, ou la terrible répression s'abattant sur des manifestants aux mains nues.

Pendant longtemps, l'adéquation entre ce qui est montré et la réalité sera si forte qu'une véritable mythologie de la révolution se formera uniquement à partir de quelques images, inoubliables, du cinéma soviétique.

Le cinéma épique

La première impulsion fut donnée par le film de Sergueï Mikhaïlovitch Eisenstein, *Le cuirassé Potemkine* (1925) : il relate un épisode de la révolution manquée de 1905, la mutinerie des marins d'un bateau militaire au large d'Odessa, la solidarité de la foule massée sur le port, la terrible répression qui s'ensuivit. Eisenstein applique ses théories du montage-attraction, c'est-à-dire un montage qui provoque un choc d'idées, qui dépasse la simple juxtaposition de plans pour produire de véritables figures de rhétorique : métaphores, allégories, symboles. Ainsi, un lorgnon qui se balance le long de la coque du navire induit la mort de son propriétaire, les rangées de baïonnettes de l'armée de terre s'opposent en symétrie aux canons du navire en révolte, mais c'est surtout le souffle révolutionnaire traversant le film qui en fait une véritable œuvre épique. A l'opposé d'Eisenstein, soucieux du récit que lui inspire l'histoire révolutionnaire, Vertov détruit systématiquement le récit, entremêlant diverses actions, faisant intervenir l'étape du montage dans le corps même du film, montrant enfin

dans *L'Homme à la caméra* (1929) le réalisateur lui-même aux prises avec des kilomètres de pellicule. Dans *Ciné-Œil* (1924), le réalisateur joue avec la technique, remonte le temps — un bœuf débité en morceaux ressuscite, le pain redevient farine —, inscrit une image dans une autre comme dans un tableau constructiviste, tout en célébrant les réalisations de la révolution dans le pays.

Vsevolod Poudovkine, autre réalisateur, se fait connaître aussi par des films épiques retraçant la prise de conscience politique des individus pris dans la tourmente révolutionnaire. *La mère* (1926), son film le plus célèbre, raconte la transformation de la mère d'un jeune révolutionnaire qui, au contact de son fils, devient participante active à la révolution. La dernière scène où, après la mort du jeune homme, elle marche en tête de la manifestation en brandissant le drapeau rouge et tombe sous les balles de la police montée, possède une charge émotionnelle qui enthousiasma les spectateurs occidentaux ; tout comme dans *La fin de Saint-Pétersbourg* (1927), où l'épouse du communiste vient distribuer les vivres qu'auparavant elle refusait aux révolutionnaires.

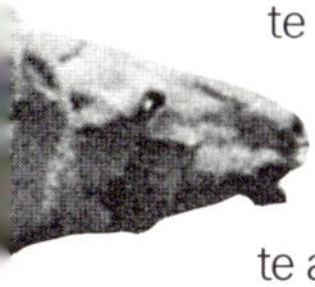

Seule *(1931), de Gregori Kozintsev et Leonid Trauberg, est le premier film parlant du cinéma soviétique. Il évoque la solitude féminine et la dure vie des paysans dans un pays où les techniques ne sont guère développées.*

Ph © Cinémathèque française

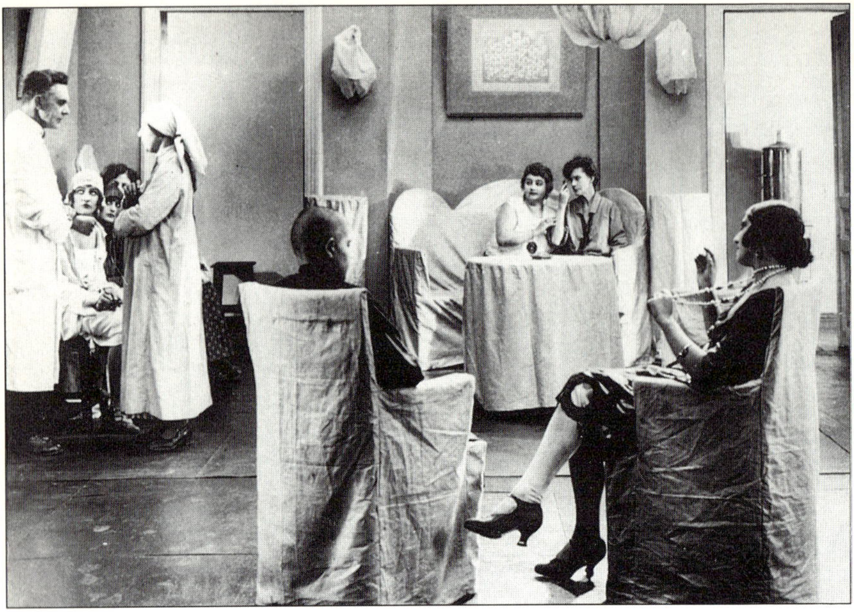

Trois dans un sous-sol *(1926), d'Abram Room, est l'un des films anticonformistes de l'époque qui mettent en question les relations traditionnelles entre les sexes. Ce type d'œuvres disparaîtra très vite avec la chape de plomb qui s'abat sur la société soviétique dans les années trente.*
Ph © Cinémathèque française

Tous ces films devront leur succès à la beauté de leurs images, la hardiesse du montage et au souffle épique qui les anime. Ouvriers, paysans, soldats participent à la révolution, parfois en sacrifiant leur vie, pour créer un monde meilleur, un “avenir radieux”.

D'autres réalisateurs, moins connus à l'étranger, font cependant un cinéma plus divertissant, plus critique aussi, mettant en relief sous forme de comédies les terribles difficultés de la vie en URSS : la crise du logement avec *La jeune fille au carton à chapeau* (1927), de Boris Barnet, la bureaucratie envahissante et inefficace avec *Ma Grand-Mère* de K. Mikaberidzé, la solitude des femmes dans *Seule* (1931) de Gregori Kozintsev et Leonid Trauberg, la libération des mœurs avec *Trois dans un sous-sol* (1926) d'Abram Room, qui aborde hardiment la question de l'amour à trois. D'autres utilisent le mélodrame pour montrer le repentir des exploiteurs ou la prise de conscience des ignorants, qui finissent par découvrir le sens de la vraie vie — la participation à la nouvelle vie communiste — et par changer de vie. Filles séduites, paysans perdus dans la grande ville, employés peureux finissent par trouver le chemin de la rédemption. Beaucoup de films sont axés uniquement sur les événements révolutionnaires, glorifiant Lénine et le parti, relatant les épisodes les plus marquants de la révolution — la prise du palais d'Hiver, l'occupation de Smolny, etc. Mais la fin des années vingt et le début des années trente verront s'installer le régime stalinien, qui va contrôler de manière serrée le cinéma et exiger des cinéastes une soumission totale aux directives idéologiques du parti. On entrera dans l'ère du "réalisme socialiste" et, malgré quelques concessions, la plupart des grands cinéastes seront réduits au silence ou disparaîtront dans la nuit du goulag.

Efficace, rentable, attrayante, la production américaine devient par contre standardisée. Les personnalités originales n'y trouvent pas leur place.

L'efficacité américaine

La guerre permet au cinéma américain de prendre la première place sur le marché, d'autant que les investisseurs se rendent compte des énormes profits que peut rapporter ce nouveau divertissement de masse. Financiers et banquiers, après une guerre acharnée, concentrent les capitaux dans de grosses entreprises, éliminent les petites maisons, prennent en mains la distribution en créant des réseaux de salles dans tout le pays et organisent la production ; s'inspirant du taylorisme en vigueur dans les usines, ils instituent le principe de la division du travail ; la réalisation d'un film est découpée en tranches successives de travail qui relèvent de la compétence exclusive de spécialistes : synopsis, découpage, mise en scène, montage, toutes les opérations se retrouvent ainsi morcelées.

De ce fait, la production américaine devient de plus en plus efficace, rentable, mais aussi standardisée. Les personnalités originales n'y trouvent pas leur place ; Charlie Chaplin ou Erich von Stroheim en feront l'expérience. Le premier crée sa propre maison, le second renonce à réaliser des films et se contente d'être acteur. David W. Griffith, l'inventeur du cinéma moderne, ne retrouve plus l'énorme succès qu'avait rencontré *Naissance d'une nation* (1915) : le succès commercial va aux grandes superproductions d'un Cecil B. DeMille, dont *Les Dix Commandements* (1923) éblouissent les foules. Avec *L'opinion publique* (*A Woman of Paris*, 1923), Charlie Chaplin sort des films comiques qui ont fait sa célébrité et signe un film cruel et pessimiste.

La vie dorée des stars à Hollywood n'est pas exempte de scandales. Le divorce de Mary Pickford et Douglas

Enregistrement du célèbre lion de la Metro Goldwyn Mayer, en 1930. Il va devenir le symbole de la puissance des grandes compagnies américaines, dont les productions — rationalisées et efficaces — s'apprêtent à conquérir le marché mondial.
Ph © Bamaby's Picture Library, Londres

Fairbanks, les morts violentes, les orgies, la drogue, les cachets fabuleux, les ragots des journaux spécialisés dans la vie privée des vedettes entretiennent une atmosphère malsaine que les ligues de vertu exploitent. Le résultat en est un code de moralité, dit *Code Hays*, qui institue un certain nombre de principes auxquels doivent se conformer les réalisateurs : il interdit la représentation de l'acte sexuel à l'écran, les atteintes à la "sainteté" du mariage, les perversion sexuelles, la nudité totale, les scènes d'accouchement, et impose le respect du drapeau et des institutions. Cela n'empêchera ni les extravagances des stars, ni Hollywood, synonyme de gloire, d'attirer chaque année des jeunes filles venues du fond de l'Amérique pour tenter leur chance, mais cela brimera le cinéma américain qui, pris entre rationalisation excessive et conformisme respectueux, éliminera les créateurs originaux.

Dès cette époque cependant, il acquiert l'aura et l'efficacité qui vont faire son succès. C'est grâce à cette efficacité que le premier film parlant, *Le Chanteur de Jazz* (1927), est américain. En quelques mois, le film fait le

Page 93 : Rudolph Valentino.
Ph © Cinémathèque française

VALENTINO : NAISSANCE D'UN SEX-SYMBOL

Le 22 août 1926, l'acteur Rudolph Valentino succombait à une appendicite aiguë doublée d'un ulcère. Il avait été hospitalisé à New York quelques jours auparavant et, pendant huit jours, la presse et la radio avaient donné sans discontinuité des nouvelles de son état. Il avait trente et un ans, et sa fulgurante carrière n'avait duré que sept ans, mais ces courtes années avaient suffi pour en faire le symbole sexuel masculin le plus extraordinaire de l'histoire du cinéma. Des heures durant, cent mille personnes défilèrent devant sa dépouille et, en son hommage, les studios d'Hollywood cessèrent le travail pendant deux minutes au moment des funérailles, au cours desquelles des centaines de personnes furent blessées. C'est en interprétant un tango voluptueux dans *Les quatre Cavaliers de l'Apocalypse* de George Melford en 1920, qu'il devint célèbre : la douceur de ses traits, son regard caressant et surtout son aura sexuelle lui valurent presque immédiatement une popularité inégalée jusqu'alors parmi le public féminin. Avec *Le Cheikh* (1921) allait se créer le mythe du "grand séducteur", à la fois romantique et téméraire avec les femmes, érotique et sentimental, dominateur et asservi par l'amour. Des millions de femmes dans le monde, subjuguées, s'identifiaient aux héroïnes qu'il serrait dans ses bras et s'imaginaient murmurant : "Je ne crains plus rien quand je suis dans vos bras, mon cheikh." Ironie de l'histoire, sa virilité fut mise en doute — en particulier à cause de deux mariages non consommés qui finirent par un divorce —, et plusieurs campagnes de dénigrement accompagnèrent l'énorme battage publicitaire fait autour de sa vie. Vivant somptueusement — chevaux de course, meute de chiens de race, voitures de luxe spécialement construites pour lui —, l'acteur mettait en valeur dans ses films un type d'homme qui contrastait avec la brutalité des "virils" héros d'aventures de l'époque. Même dans *Arènes sanglantes* (1922) et *L'Aigle noir* (1926), il réussissait à faire passer un mélange de cruauté et de douceur, donnant ainsi figure aux fantasmes féminins malgré les sarcasmes masculins qui le traitaient d'efféminé. Son dernier film, *Le Fils du Cheikh* (1926), à forte charge érotique, ne fut projeté qu'après sa mort. Rien ne permet de préjuger de la carrière de Valentino, s'il avait survécu, à l'arrivée du cinéma parlant, mais sa mort prématurée, comme celle de tous les acteurs disparus très jeunes, contribua à renforcer le mythe. A l'anniversaire de sa mort, une mystérieuse dame en noir jamais identifiée vint, pendant des années, porter des roses sur la tombe du "grand séducteur". ■

tour du monde et signe l'arrêt de mort du cinéma muet. Les spectateurs découvrent avec ravissement des personnages qui leur ressemblent et ne supportent plus la gestuelle exagérée des acteurs du muet. Le parlant va ruiner des acteurs dont la voix ne "passe" pas à l'écran ; surtout, il modifie totalement le jeu, le rythme, le style des films. Le cinéma devient plus proche de la réalité ; les dialogues créent la nécessité de nouveaux professionnels chez les scénaristes ; on y trouvera de véritables écrivains, et non des moindres, venus gagner leur vie à La Mecque du cinéma ; la musique, les bruits, le mixage créent aussi de nouveaux emplois. Quant aux grandes stars du muet, la plupart disparaissent dans le naufrage, rejetées dans l'oubli par le public même qui les avait adulées.

Ainsi, le cinéma américain conquiert le marché européen ; il s'impose par ses énormes moyens financiers, ses professionnels, ses techniques de publicité et de promotion. Partout, le public se presse pour voir les stars mais aussi le mode de vie moderne d'outre-Atlantique. Les cinémas français et italien en font les frais.

Les Dix Commandements *(1923), de Cecil B. DeMille. Les films à grand spectacle mettant en œuvre d'énormes moyens (décors, figurants, costumes, techniciens) vont devenir l'apanage du cinéma américain qui supplante ainsi les "péplums" italiens disparus avec la guerre.*
Ph © Cinémathèque française

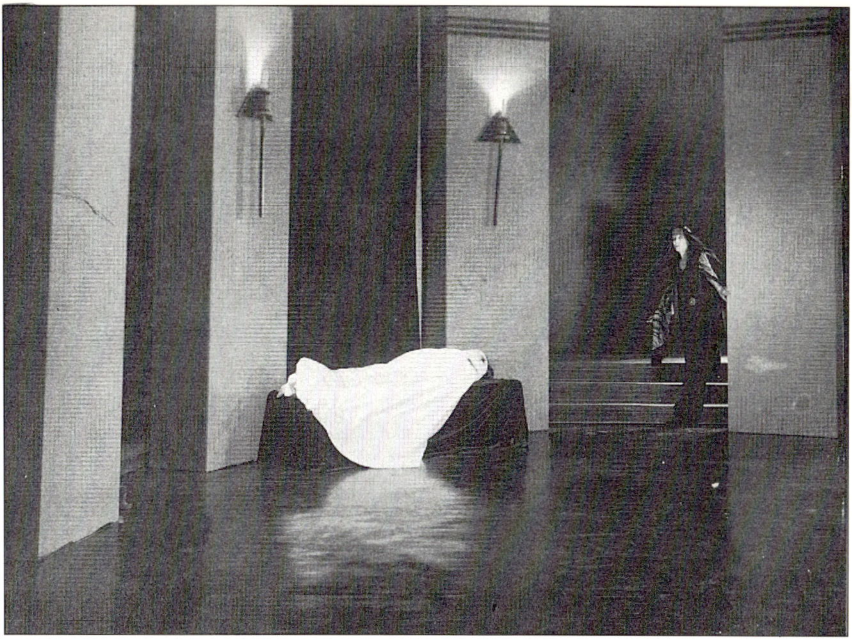

Dans *L'Inhumaine (1924) de Marcel L'Herbier, les femmes fatales, froides et dédaigneuses s'accordent aux décors géométriques, aux espaces nets dans lesquels elles évoluent.*
Ph © Cinémathèque française

Créativité française et marasme italien

En France, la production et la réalisation restent le fait de petites maisons et d'auteurs individuels. Les films n'atteignent pas les gigantesques budgets d'Hollywood, mais les cinéastes sont plus en contact avec les courants artistiques contemporains et se font l'écho des tendances architecturales ou décoratives modernes. Marcel L'Herbier, dans *L'inhumaine* (1924) ou *L'argent* (1928), fait découvrir au public les grands appartements glacés ouverts sur de larges baies ou des fenêtres en ogives des Arts déco, les lignes géométriques des meubles, les parquets noir et blanc, les espaces nets des intérieurs luxueux mettant en valeur des femmes fatales, dévoreuses, froides qui expriment la peur des hommes devant les nouvelles femmes issues de la guerre. Les peintres, après le théâtre et les ballets, s'intéressent au cinéma, en préparant des maquettes ou en réalisant eux-mêmes des films, comme Fernand Léger avec *Le Ballet mécanique* (1924), ou Francis Picabia, Man Ray, Marcel Duchamp qui appliquent les théories de l'art abstrait à l'image filmique. Les écrivains, loin de dédaigner cet art nouveau, au contraire y participent et, lorsque le cinéma devient

Abel Gance travaille sur son Napoléon *pendant des années. Son acteur, Albert Dieudonné, en deviendra fou. Pour* Napoléon, *Gance imagine le cinémascope — écran géant — à multiples écrans. Spectaculaire, mais peu pratique.*
Ph © Cinémathèque française

parlant, des musiciens comme Darius Milhaud ou Eric Satie écrivent de la musique de film. Le cinéma fait partie de la vie intellectuelle. Paris fait la promotion et la réputation des films étrangers, surtout grâce à Louis Delluc, journaliste, romancier, critique, cinéaste.

Au premier rang, les surréalistes montrent des films qui ne respectent pas la narration et font scandale par des images violentes, à fort contenu sexuel et contestataire. Une avant-garde plus discrète est représentée par Germaine Dulac, théoricienne du cinéma pur, excluant toute narration, fondé uniquement sur la sensation et le rythme. Avec Jean Epstein, réalisateur entre autres de *La chute de la maison Uscher* (1928), qui envoûte le public par son atmosphère trouble et angoissante, elle publie des textes théoriques dans les nombreuses revues consacrées au cinéma.

A l'opposé de ces groupes plus ou moins organisés se trouve un réalisateur isolé, Abel Gance, dont le lyrisme parfois échevelé transporte les spectateurs dans *La Roue* (1923) et surtout dans *Napoléon* (1927) ; dans ce dernier film, il projette sur trois écrans en montage parallèle les images grandioses d'une séance orageuse à la Convention et de Bonaparte revenant d'Egypte, dressé sur les flots déchaînés. Enfin, on découvre avec une émotion sans pareille, le visage en gros plan d'une Jeanne d'Arc pure de tout maquillage, chevelure rasée, martyre de sa foi et de sa mission. C'est Renée Falconetti, interprète géniale d'un metteur en scène danois génial, Carl Dreyer, dont *La passion de Jeanne d'Arc* (1928) fait l'unanimité dans le silence des salles obscures.

L'époque n'est pas propice au cinéma italien, qui doit faire face à l'engouement du pu-

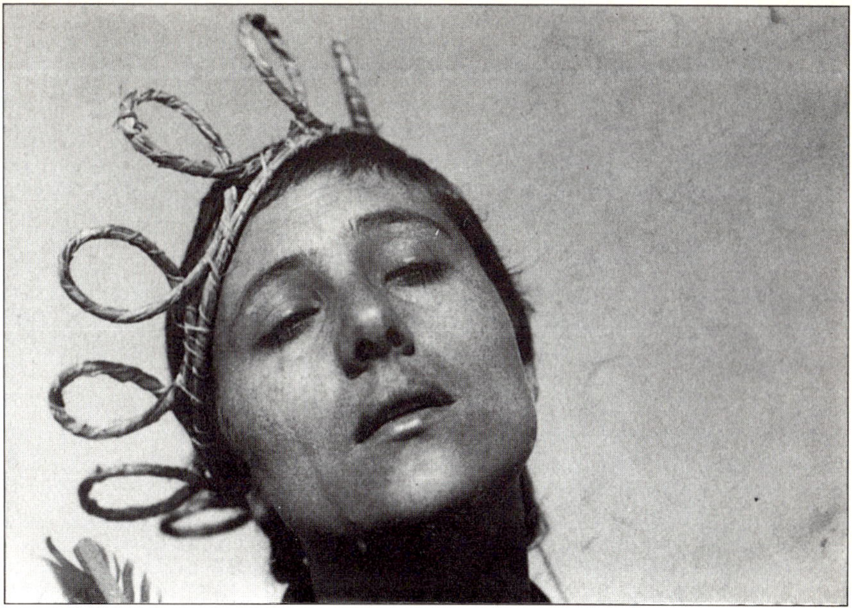

blic pour les films américains et à la ruine de son industrie après les années fastes des *Colossi* — superproductions à grand spectacle —, dont il s'était fait la spécialité avant la guerre. Ces films, qui réunissaient des moyens énormes pour l'époque, avaient conquis le marché mondial par le faste des décors, le nombre des figurants et l'aura des divas italiennes qui furent les premières de ce genre dans le monde du cinéma. Tirés de l'histoire romaine ou de récits plus ou moins historiques, ils assurèrent pendant un certain temps la suprématie du cinéma italien.

A côté de ces spectacles populaires existait aussi un courant réaliste, unique en Europe, mais qui n'eut pas de suite immédiate ; car, dans les années vingt, c'est le marasme. La production, étouffée par la concurrence américaine, chute ; le régime fasciste en place la réorganise de manière à la contrôler ; les réalisateurs, sollicités pour tourner des documentaires à la gloire du régime, se cantonnent dans des comédies faciles. Malgré les efforts de certains d'entre eux pour rester en contact avec les réalités sociales du pays, peu de réalisations voient le jour. Il faudra attendre le crépuscule du fascisme pour que le cinéma italien retrouve sa veine réaliste et redevienne un cinéma mondial avec le néoréalisme.

La Passion de Jeanne d'Arc *(1928), de Carl Dreyer. Le visage rayonnant de spiritualité de Renée Falconetti incarne — à jamais — Jeanne d'Arc dans la mémoire cinématographique. La beauté du film, la pureté des plans, la rigueur du montage en font un chef-d'œuvre absolu.*
Ph © Cinémathèque française

Chapitre 4

VIENNE ET LA PSYCHANALYSE

NÉE À LA FIN DU XIXE SIÈCLE, LA PSYCHANALYSE S'IMPOSE APRÈS LA GUERRE COMME UNE RÉVOLUTION DES CONNAISSANCES DE L'ÂME. SON RAYONNEMENT INTERNATIONAL N'EMPÊCHERA PAS L'ISOLEMENT PUIS L'EXIL DE SON PÈRE FONDATEUR, SIGMUND FREUD.

À Vienne, au numéro 19 de la Bergasse Strasse, dans un cabinet feutré, protégé des bruits de la rue par des portes capitonnées et de lourdes tentures, peuplé d'étranges statuettes représentant des divinités antiques, égyptiennes et hindoues, un monsieur d'aspect sévère se tient assis dans son fauteuil au chevet d'un divan. Un crayon à la main, il écoute attentivement une femme parler sans contrainte, sans logique apparente, tantôt de manière volubile, tantôt avec de longs silences, déroulant une histoire inconnue d'elle-même, sa propre histoire tirée des profondeurs d'un continent mystérieux, étrange : l'inconscient.

Cet homme, Sigmund Freud, a opéré par ses travaux une véritable révolution dans la connaissance de l'âme humaine en mettant au jour des mécanismes inconnus jusqu'alors et surtout en révélant un monde caché, inquiétant, le monde de la sexualité. Il a mis en lumière l'existence de la sexualité infantile, le rôle de la libido dans l'activité humaine, les désirs inconscients de l'enfant, tous éléments qui horrifiaient profondément la bonne société de l'époque, tout comme les institutions universitaires et médicales de son temps.

Les travaux de Freud ont transformé notre perception de la psyché. Si la psychanalyse fait aujourd'hui partie des sciences humaines enseignées partout, Freud (photographié ici en 1921) dut lutter pour la faire admettre par ses pairs.
Ph © A.K.G., Berlin

De longues années d'isolement

Bien que ses recherches aient commencé à la fin du siècle dernier et que ses premiers travaux aient été publiés dès 1895, les Viennois n'acceptent pas leur plus illustre représentant et le considèrent avec méfiance. Pourtant, à cette époque, le savant est connu du monde entier — tout au moins par les spécialistes de la psychologie —, sa réputation est internationalement établie, les disciples affluent à Vienne pour s'initier à la nouvelle science, ses publications donnent lieu à commentaires et discussions dans les cercles intellectuels les plus avancés. Mais dans sa ville, Freud est isolé. A part son petit groupe de fidèles et amis et sa famille, il ne voit presque personne. Lui, qui entretient une correspondance dans le monde entier avec les intellectuels les plus marquants de son temps, mène une vie disciplinée et banale de bon père de famille.

Les Viennois observent avec curiosité et hostilité cet homme qui a osé enfreindre les bonnes règles de la décence en parlant de choses innommables et surtout en leur conférant une importance inouïe. Affirmer l'étiologie sexuelle des névroses, le rôle de la sublimation sexuelle dans la production artistique et dans le sentiment religieux, plus encore, que le petit enfant, quel qu'il soit, dans tous les milieux, dans toutes les familles, désire avoir des relations sexuelles avec sa mère, et que tout homme passe obligatoirement par ce stade, soulève le

LA CURE PSYCHANALYTIQUE

C'est en 1895 que Sigmund Freud fit une découverte qui allait bouleverser, non seulement son existence de médecin, mais la science elle-même. Ayant à traiter du cas d'une jeune fille, Anna O., dont le nom allait devenir célèbre dans les annales de la psychanalyse, il découvrit que les symptômes hystériques dont elle était affligée n'étaient pas d'origine purement physiologique ou psychologique au sens classique du terme, mais pouvaient être mis en relation avec des éléments ayant trait à la sexualité. En bref, il découvrit l'origine sexuelle des névroses et, en même temps, une technique thérapeutique originale, la cure psychanalytique, qui consistait à laisser la patiente s'exprimer par libre association de manière à donner un matériel sur lequel Freud allait pouvoir travailler.

"Lorsque je prie quelqu'un de me dire ce qui lui vient à l'esprit à l'occasion d'un élément déterminé de son rêve, je lui demande de s'abandonner à la libre association, en partant d'une représentation initiale. Ceci exige une orientation particulière de l'attention, orientation différente et même exclusive de celle qui a lieu dans la réflexion. D'aucuns trouvent facilement cette orientation, d'autres font preuve à cette occasion d'une maladresse incroyable. Or, la liberté d'association présente encore un degré supérieur : c'est lorsque j'abandonne même cette représentation initiale et n'établis que le genre et l'espèce de l'idée, en invitant par exemple le sujet à penser librement à un nom propre ou à un nombre. Une pareille idée devait être encore plus arbitraire et imprévisible que celle utilisée dans notre technique. On peut cependant montrer qu'elle est dans chaque cas rigoureusement déterminée par d'importants dispositifs internes qui, au moment où ils agissent, ne nous sont pas plus connus que les tendances provocatrices des actes accidentels." ■

(Introduction à la Psychanalyse)

cœur des honnêtes gens mais aussi de la caste médicale. Malgré les difficultés et l'ostracisme, Freud ne se découragea jamais ; il n'obtint jamais de chaire universitaire ordinaire ni de décoration officielle, ni le prix Nobel ; seul le prix Goethe de la ville de Francfort lui fut attribué en 1930, et encore, après une longue bataille menée par ses admirateurs.

Freud n'oublia jamais les longues années d'exclusion dont lui-même et son œuvre pâtirent dans la ville où il vivait, travaillait, faisait ses recherches, tribut à payer pour celui qui osait bouleverser les idées reçues. "Le silence qui se faisait après mes conférences, le vide qui se créait autour de ma personne, les allusions désobligeantes que l'on me rapportait, tout cela me fit comprendre que mes idées touchant le rôle de la sexualité dans la genèse des névroses ne pouvaient espérer être traitées de la même façon que d'autres communications scientifiques." On lui demanda même, au cours d'une conférence, d'avertir le public qu'il allait parler de sujets choquants "afin que les dames pussent quitter la salle".

Après la guerre, Vienne ne retrouve pas l'éclat des années précédentes et se voit supplantée par Berlin, Paris, Munich. Cependant, des écrivains comme Arthur Schnitzler, Stefan Zweig, Hugo von Hofmannsthal, des compositeurs comme Alban Berg, Anton von Webern, les savants et philosophes du Cercle de Vienne, dont Rudolf Carnap est l'animateur, et la notoriété grandissante de Freud maintiennent une vie culturelle en liaison avec les autres capitales intellectuelles.
Ph © A.K.G., Berlin

L'exploration de l'âme

Ayant mis au point une technique dite de l'association libre, Freud en vient tout naturellement à accorder une mention privilégiée aux rêves de ses patients et à

Le groupe des disciples à Berlin en 1922 : assis, Sigmund Freud, Sandor Ferenczi, Hanns Sachs et, debout, Otto Rank, Karl Abraham, Max Eitingon et Ernest Jones. Chacun reçoit solennellement de Freud un anneau (une intaille antique), marquant leur entrée dans le cénacle. Ce qui n'empêchera pas exclusions, jalousies, ruptures.
Ph © Keystone

les considérer comme l'expression des désirs cachés des individus : “Le travail d'élaboration du rêve est un excellent modèle des processus propres aux couches profondes, inconscientes de la vie psychique, processus qui diffèrent considérablement des processus mentaux normaux connus de nous. Il met au jour quantité de traits archaïques, par exemple l'emploi d'un symbolisme sexuel ici prédominant, que l'on a ensuite retrouvés dans d'autres domaines de l'activité mentale.”

Engagé sur la voie de la recherche de la psyché, Freud se livre alors à une expérience unique dans l'histoire des sciences : il se prend comme objet de ses recherches en pratiquant sur lui-même une véritable auto-analyse. C'est en appliquant sa technique de la libre association et de l'interprétation de ses rêves qu'il découvre, non sans effroi, un élément capital de sa théorie future sur la structure psychique de l'homme, le désir inavoué du petit garçon envers sa mère, auquel il donne le nom d'Œdipe, le héros de la tragédie grecque horriblement puni pour avoir transgressé sans le savoir l'interdit de ce désir. D'ailleurs, c'est dans les grandes œuvres littéraires et artistiques que Freud cherchera des confirmations de ses analyses. Shakespeare, les tragiques grecs, Léonard de Vinci lui fourniront preuves et exemples des inquiétants abîmes qui agitent les profondeurs de l'âme humaine, mais aussi des explications de ces œuvres en fonction de ses concepts.

Freud élabore une description de la structure psychique en trois niveaux, le *moi*, le *surmoi* et le *ça* — terme ambigu qui révèle bien l'obscurité de ce nouveau continent de l'âme humaine, —, trois éléments dont la combinaison variera le long de sa vie mais dont la définition restera essentielle.

Pour la psychanalyse, rien n'est neutre, tout a une signification, tout renvoie à des processus inconscients. Ainsi Freud démontrera que les lapsus, les actes manqués, les pertes d'objets, les oublis de rendez-vous ne sont pas innocents. Ils expriment les inhibitions, les refus, les désirs que l'individu refoule, censure et dont il n'a pas conscience lui-même ; il s'ensuit que tous ces actes en apparence insignifiants sont précieux pour l'analyste qui les utilisera pour dérouler le fil souterrain de l'inconscient. Freud en donne une liste qui ne fera que s'enrichir au fil des ans. Devenus de nos jours monnaie courante,

Carl Jung est le plus célèbre dissident. Sa rupture avec Freud fera couler beaucoup d'encre. Il créera sa propre discipline, s'éloignant de plus en plus des principes du maître.
Ph © A.K.G., Berlin

MOI, SURMOI ET ÇA

Le moi *est la partie consciente de la psyché, le* surmoi *est l'idéal lié à la figure du père dans la mesure où celui-ci incarne la Loi. Il exerce sur le* moi *une censure et une autorité parfois menaçantes, mais est aussi à l'origine de la création, de l'aspiration religieuse et des valeurs morales. Le* ça *est* "la partie obscure, impénétrable de notre personnalité et le peu que nous en savons, nous l'avons appris en étudiant l'élaboration du rêve et la formation du symptôme névrotique. Ce peu a, en outre, un caractère négatif et ne peut se décrire que par contraste avec le *moi*. Seules certaines comparaisons nous permettent de nous en faire une idée ; nous l'appelons chaos, marmite pleine d'émotions bouillonnantes, il s'emplit d'énergie à partir des pulsions mais sans témoigner d'aucune organisation ni d'une volonté générale".

S. Freud, *Nouvelles Conférences d'introduction à la psychanalyse*, Folio Essais, Gallimard, Paris, 1989.

Il s'ensuit que le moi*, se situant entre les deux instances exigeantes du* surmoi *et du* ça*, doit combiner, négocier en permanence pour assurer sa survie.* ■

tomber, faire un faux pas, glisser, actes symptomatiques et accidentels, expriment quelque chose "que l'auteur de l'acte lui-même ne soupçonne pas et qu'il a généralement l'intention de garder pour lui au lieu d'en faire part aux autres".

Le Rêve *(1931), de Salvador Dalí (1904-1989). Les peintres surréalistes sont très tôt intéressés par la psychanalyse. Les mécanismes de l'inconscient, la libération des pulsions, le rêve font l'objet d'expériences esthétiques qui se concrétisent dans de nombreuses œuvres de l'époque.*
Coll. part., New York. Ph © Lauros-Giraudon/D.R.

Le maître et ses disciples

En dépit des critiques et des ricanements, médecins, psychologues et disciples entourent Freud d'une affectueuse admiration. Certains entretiennent avec lui une forte relation d'amitié, qui remonte à l'époque où il était encore étudiant : Wilhelm Fliess — lié pendant plus de douze ans par une amitié passionnée qui se termina par une rupture non moins passionnée —, Ernest Jones, Karl Abraham, Sandor Ferenczi, Carl Jung, groupés dans un comité secret, liés par des rencontres rituelles et soigneusement préparées.

Car Freud tient à ce que tous ceux qui participent comme lui à l'aventure de la psychanalyse suivent avec fidélité les règles théoriques et thérapeutiques qu'il a fixées et ne supporte aucun écart. Comme presque tous vivent en dehors de Vienne — à Berlin, Londres, Prague ou Zurich — et entretiennent une correspondance régulière avec le maître, ces rapports ne sont pas sans provoquer des jalousies, des conflits personnels, chacun se targuant de la plus grande proximité avec Freud, lui-même sourcilleux quant à la bonne orthodoxie de ses disciples. Certaines ruptures retentissantes se produisent, comme celle avec Jung, la plus connue, mais toute l'histoire du groupe est jalonnée de ruptures, d'exclusions et d'attachements. Freud veille au maintien des relations entre les membres ; chacun reçoit de sa main un anneau orné d'une intaille antique et chaque anniversaire du maître est fêté en grande cérémonie par tous les disciples amis qui viennent alors de tous les coins d'Europe. Cette dispersion favorise la naissance de sociétés de psychanalyse dans plusieurs pays, à Zurich avec Jung (qui s'éloignera par la suite de la théorie freudienne), Abraham à Berlin, Brill à New York, Ferenczi à Budapest. Des congrès se tiennent dans ces différentes villes, des dissidences se font jour, des fidèles de longue date quittent la Société internationale de Psychanalyse. Tous ces mouvements, y compris les conflits d'intérêts de toutes sortes — théoriques et de préséance —, manifestent cependant la vitalité de la nouvelle institution qui ne fera que se développer.

Eros et Thanatos

La guerre de 1914 n'a pas provoqué, au premier abord, de réaction d'horreur chez Freud. Comme presque tous les juifs d'Allemagne et d'Autriche, il éprouve un fort sentiment patriotique à l'égard de son pays qui, tout en re-

LA LECTURE DES RÊVES

Le principe fondamental de la théorie freudienne est que le rêve, sous une apparence anarchique, incohérente, décousue, possède un sens qu'il s'agit de découvrir. Le rêve doit être interprété de manière à en faire ressortir la signification cachée à l'aide d'une méthode que Freud s'emploiera à mettre au point. Pour cela, il faut faire la distinction entre le contenu manifeste du rêve, ce dont se souvient le rêveur, et le contenu latent qui est dégagé par l'analyse. La disproportion entre les deux contenus est à la mesure du refoulement, c'est-à-dire de la censure que le sujet a opérée sur son désir.
"Le rêve total constitue une substitution déformée d'un événement inconscient et l'interprète des rêves a pour tâche de découvrir cet inconscient" (*Introduction à la psychanalyse*). Les organes sexuels de l'homme sont représentés dans le rêve par des objets symboliques dont la comparaison est évidente ou allusive, car l'essence du symbole réside, pour Freud, dans la comparaison. Le chiffre 3, par exemple, et tous les objets comme les cannes, épées, tiges, arbres, parapluies, couteaux, sabres, armes à feu, fusils, revolvers, ou des objets laissant échapper un liquide, robinets, sources, sont des représentations de l'organe sexuel masculin. La maison représente l'ensemble de la personne humaine.
Les parents sont figurés par des personnages éminents — rois, reines —, les frères et sœurs, en revanche, le sont par des petits animaux.
L'eau est en relation avec la naissance. La mort est remplacée par le départ. Si le rêve ne donne pas de sens immédiat, c'est parce que la censure intervient et refoule les désirs inconscients, surtout les plus importants. Freud a ainsi mis l'accent sur le phénomène du refoulement : "(...) Les idées qu'on voudrait (ainsi) refouler se révèlent toujours et sans exception comme étant les plus importantes et les plus décisives au point de vue de la découverte de l'inconscient" (*Introduction à la psychanalyse*). La censure se manifeste dans les rêves par des omissions, des modifications, des travestissements qui ont pour résultat de déformer les rêves et de les rendre, au premier abord, incompréhensibles. ■

Stefan Zweig et Arthur Schnitzler : les deux représentants les plus brillants de l'intelligentsia juive viennoise. Auteurs à succès, ils entretiennent avec Freud une correspondance assidue.
Ph © A.K.G. et B.P.K., Berlin

gardant les juifs comme minoritaires et suspects, leur accorde cependant, en apparence, le statut et la protection dus à tous ses citoyens. (Cette illusion sera tragiquement dissipée dans les années trente, quand le nazisme commencera à infecter la société autrichienne et que le doute ne sera plus permis sur les sentiments réels des Autrichiens, dans leur majorité, à l'égard des juifs.)

Ses trois fils partent au front ainsi qu'un de ses neveux qui va y mourir. Très vite cependant, Freud ressent l'angoisse et le pessimisme qui introduisent dans son œuvre l'idée de l'instinct de mort. Ses collaborateurs dispersés, les relations avec ses collègues étrangers rompues, les difficultés matérielles, le froid, la faim, la défaite, l'effondrement de l'Empire austro-hongrois, la mort de son neveu assombrissent son esprit. “L'avenir nous paraît sombre. Je suis prêt à confesser que le sort ne s'est pas montré injuste et qu'une victoire allemande aurait sans doute assené un coup plus dur encore aux intérêts de l'humanité en général, mais on ne ressent aucun soulagement à donner sa sympathie à la partie gagnante quand votre bien-être a été misé sur la partie perdue” (lettre à Jones du 15 janvier 1919).

Freud a conscience que l'ancienne Europe n'existe plus et que la stabilité et la tranquillité de l'avant-guerre ont à jamais disparu. Comme d'autres intellectuels de son temps — Thomas Mann, Franz Kafka, Hermann Broch, Hermann Hesse —, il voit s'effondrer les valeurs spirituelles et morales de sa jeunesse dans les bouleversements et les inquiétudes de l'après-guerre : révolution bolchevique, mouvement spartakiste en Allemagne, révolution avortée en Hongrie — à laquelle participa son élève et ami Ferenczi au risque de sa vie —, bouleversements économiques, déstructuration de la société et, surtout, démoralisation et sentiment de fin de monde.

Dans le même temps, la psychanalyse fait son chemin. Les disciples reprennent contact et se réorganisent.

Congrès, rencontres, publications et associations se succèdent. Des polycliniques sont fondées à Berlin, Vienne et Londres. Des congrès se tiennent à La Haye et Berlin. Une société psychanalytique et un Institut français de psychanalyse sont fondés à Paris. Des publications, des revues assurent le rayonnement de la nouvelle science dans le monde. Les écrivains, les intellectuels, comme André Gide, André Breton, Lou Andréa-Salomé (l'amie de Nietzsche et de Rilke qui deviendra psychanalyste), Arthur Schnitzler, Stefan Zweig, Alfred Döblin, entretiennent avec Freud une correspondance assidue. Einstein le rencontre à Berlin ; ainsi, les deux juifs qui ont bouleversé la vision du monde physique et du monde psychique du XXe siècle ne se doutent pas, en 1926, que cette ville sera, moins de dix ans plus tard, le cœur du régime le plus monstrueux qu'aura connu l'Europe, qui les obligera à quitter leur pays en y abandonnant tout ce qui avait été leur vie jusque-là. En 1932, effrayés par la montée du nationalisme revanchard, ils publieront ensemble un texte, *Pourquoi la guerre*, commandé par la Société des Nations pour enrayer le militarisme montant. Mais que peuvent les hommes d'esprit devant la force brutale des instincts d'agressivité et de mort ? Freud le sait mieux que tout autre, lui qui a infléchi sa théorie sur la psyché en y adjoignant la lutte entre Eros et Thanatos.

Personnalité hors du commun, Lou Andrea-Salomé fut l'amie de Nietzsche puis de Rilke, et la première femme à s'intéresser à la psychanalyse. Freud lui vouait une grande estime et guida ses premiers pas dans la formation psychanalytique.
Ph © B.P.K., Berlin

Souffrance et reconnaissance

A partir de 1923 commence à se manifester le cancer de la bouche qui devait faire souffrir horriblement Freud pendant seize ans et nécessiter pas moins de trente opérations. On lui ôte une partie du palais et de la mâchoire, et on lui met une prothèse, sorte de mâchoire artificielle mobile, qu'il doit retirer et remettre chaque matin. La pose de ce “monstre”, comme il l'appelle, lui cause des tortures épouvantables et seule sa fille Anna, devenue la personne la plus proche de lui, est autorisée à le faire. Freud ne se plaindra jamais, mais il ne pourra plus ni manger ni parler en public. Anna lui promet de le soigner jusqu'à sa mort et s'institue gardienne de son père avec un dévouement et une vigilance à toute épreuve. Elle le remplace dans les congrès auxquels il ne peut plus prendre la parole et se considère désormais comme la dépositaire de la pensée freudienne.

"Les hommes d'aujourd'hui ont poussé si loin la maîtrise des forces de la nature, qu'avec leur aide il leur est devenu facile de s'exterminer mutuellement jusqu'au dernier. Ils le savent bien et c'est ce qui explique une bonne part de leur agitation présente, de leur malheur, de leur angoisse."

Freud, *Malaise dans la civilisation* (1930)

Des femmes, d'ailleurs, commencent à exercer la psychanalyse et vont par la suite faire une brillante carrière de praticiennes et de théoriciennes : Mélanie Klein, qui se spécialise dans l'analyse des enfants, Marie Bonaparte, qui aide à la création de l'Institut français de Psychanalyse à Paris, traduit les œuvres de Freud et publie des travaux qui la rendent célèbre. En 1938, c'est elle qui sauve Freud et sa famille des griffes nazies en alertant l'opinion internationale et en payant la somme exigée par les autorités allemandes pour sortir du pays.

Depuis le voyage de Freud aux Etats-Unis, la psychanalyse y connaît une vogue dont l'ampleur n'est d'ailleurs pas sans rendre perplexe. La Société internationale de Psychanalyse maintient les rapports entre les adhérents et, malgré les dissensions, démissions, exclusions, contribue à faire connaître la nouvelle science jusque dans des pays éloignés, comme l'Australie par exemple. Au cours de ces années, Freud publie deux ouvrages qui constituent une réflexion plus ambitieuse sur les sociétés : *L'Avenir d'une illusion*, en 1927, qui analyse le sentiment religieux comme une sublimation des tendances libidinales de l'individu, et surtout *Malaise dans la civilisation* qui reflète le désarroi d'une époque dont la guerre a bouleversé toutes les valeurs. Freud s'inquiète des menaces qui pèsent sur la liberté individuelle, sur les déchaînements possibles et incontrôlés de l'instinct de mort — qui prend une place importante dans sa théorie — et sur l'avenir d'une civilisation qui semble à l'agonie.

"Les hommes d'aujourd'hui ont poussé si loin la maîtrise des forces de la nature, qu'avec leur aide il leur est devenu facile de s'exterminer mutuellement jusqu'au dernier. Ils le savent bien et c'est ce qui explique une bonne part de leur agitation présente, de leur malheur, de leur angoisse." Paroles prophétiques d'un homme vieillissant qui voit enfin son œuvre reconnue, mais n'en conserve pas moins un profond scepticisme sur la nature humaine.

La ville de Vienne lui octroie, enfin, le titre de citoyen d'honneur, la Royal Society of Medecine le nomme correspondant et, en 1930, la ville de Francfort lui décerne, non sans mal, le prix Goethe, mais trop malade pour assister à la remise du prix, il y délègue sa fille Anna. En 1931, son soixante-quinzième anniversaire donne lieu à

des manifestations d'amitié qui débordent le domaine privé pour devenir une manifestation publique. Télégrammes, compliments, fleurs, cadeaux affluent. Thomas Mann rend publiquement hommage à son courage, son honnêteté intellectuelle, sa rigueur : “Il a détruit des illusions, scandalisé l'humanité en lui proposant des connaissances d'un naturalisme radical qui semblaient menacer sa « dignité » et provoqué des résistances dont les raisons lui étaient évidentes” (lettre au journal *Vossische Zeitung* du 6 mai 1931, citée par Marthe Robert).

Mais les années qui viennent ne permettront pas au vieil homme de jouir enfin de sa notoriété dans son propre pays. Le nazisme en prenant le pouvoir va prendre pour cible la psychanalyse, jugée néfaste en tant que “science juive”. Les livres de Freud sont brûlés en place publique, les institutions sont fermées, les psychanalystes juifs émigrent. En Autriche après l'*Anschluss*, Freud menacé doit se résigner à quitter Vienne avec sa famille, mais ses quatre sœurs périront dans les camps de la mort. Vienne, aimée et haïe, Vienne, en proie au délire de la destruction et de la mort, laisse partir son plus illustre représentant dans l'indifférence ou la jubilation.

Freud avec sa fille Anna, de passage à Paris avant son exil à Londres en 1938. Très malade, contraint de quitter son pays rallié au nazisme, Freud verra ses livres brûlés et la psychanalyse honnie comme “science juive”. Il mourra à Londres un an plus tard.

Ph © Keystone

Freud ne devait plus jamais revoir sa ville ; il mourut à Londres un an plus tard, mais la science qu'il avait créée dans la souffrance, l'incompréhension et la solitude avait transformé le monde. Désormais, elle deviendra, avec ses limites et ses excès sans doute, non seulement une simple thérapeutique mais une manière d'interpréter le monde et le comportement humain.

Chapitre 5

LES FEMMES ENTRENT EN SCÈNE

CHEVEUX COURTS, POITRINE PLATE, ROBE AU GENOU, LA FEMME D'APRÈS GUERRE NE RESSEMBLE DÉCIDÉMENT PLUS À CELLE DE 1914. ELLE TRAVAILLE, FAIT DU SPORT, SORT SEULE LE SOIR ET REVENDIQUE SES DROITS CIVIQUES.

Lorsque les hommes revinrent de guerre, épuisés par quatre ans passés dans le feu et le sang des tranchées, ils ne reconnurent pas les femmes. Ils avaient laissé des créatures engoncées dans des vêtements imposants, bordés de fanfreluches et de volants, dissimulant les formes du corps dont ne surgissaient que les épaules pudiquement voilées. Leurs cheveux abondants et longs étaient enroulés en lourds chignons surmontés d'amples capelines surchargées de plumes ; un corset bardé de tiges métalliques enserrait leur taille et les maintenait dans une raideur apprêtée qui faisait ressortir une poitrine et une croupe généreuses. Il était impensable pour une femme de la bourgeoisie, même moyenne, de sortir “en cheveux” c'est-à-dire sans chapeau ; seules les ouvrières, les femmes du peuple se le permettaient. On reconnaissait d'ailleurs aisément la classe sociale des gens à leur habillement — chapeau ou casquette pour les hommes — et à leurs manières. Les conventions sociales étaient fermement respectées ; il était hors de question de s'aventurer seule dans des lieux publics comme les cafés ou théâtres sans donner lieu à mauvaise interprétation. Les jeunes filles, tenues soigneusement à l'écart des “réalités de la vie”, arrivaient au mariage ignorantes et dociles, et les femmes mariées dépendaient économiquement et socialement de leur mari, maître de la famille, titulaire de la puissance parentale, du droit de gérer les biens de la communauté conjugale, et seul décideur de tout ce qui concernait la vie familiale.

Arrêtées en 1922 pour avoir enfreint une loi de Chicago interdisant le port du maillot de bain sur les plages : les femmes américaines profitent d'un développement technique et économique incomparable, mais subissent aussi les normes d'un puritanisme sourcilleux.

Ph © The Bettmann archive

Pendant la guerre, les femmes de la bonne société s'impliquent dans la lutte nationale en soutenant le moral des troupes. Colis et correspondances adoucissent le sort des soldats dans les tranchées.

Ph © Arch. Giunti

Or, les soldats démobilisés se trouvèrent devant des femmes entièrement différentes. Dans la nuit des tranchées et le vacarme des canons, ils avaient rêvé de douceur féminine et d'apaisement. Ils avaient attendu avec impatience le moment des retrouvailles pour oublier dans des bras chaleureux les épreuves d'une guerre terrible, la plus terrible que l'Europe eût connue, dans laquelle, pour la première fois, des moyens inédits de destruction avaient été utilisés sans pitié — gaz asphyxiants, aéroplanes larguant leurs bombes meurtrières, obus gigantesques —, et ils se trouvèrent face à des êtres inconnus, transformés, déconcertants, avec lesquels il fallait bien réapprendre à vivre.

1914-1918 : la grande rupture

C'est que la guerre n'a pas seulement modifié les hommes. Elle a aussi transformé les femmes. La durée du conflit — quatre longues années —, la nécessité d'assurer l'effort de guerre, de fabriquer armes et munitions pour la poursuite des combats, l'implication du pays tout entier dans les souffrances et les privations ont complètement bouleversé la vie des femmes. Pendant plusieurs années, elles se sont trouvées confrontées à de dures réalités, la première étant d'assurer leur survie. Celles qui appartiennent à la classe aisée s'investissent dans des activités d'aide — soins aux blessés, confection et envois de colis, "marrainage" de soldats au front — qui, quoique mineures, contribuèrent à modifier leur comportement en les sortant d'une vie mondaine et frivole, en leur faisant côtoyer la souffrance et en leur donnant un minimum de responsabilités. Elles apprennent ainsi à organiser des collectes, rassembler des dons, travailler en groupe pour la cause nationale. Il est hors de doute que ces occasions leur font découvrir des capacités ignorées et inexploitées qui leur donnent de l'assurance et de la confiance en elles. L'armistice du 11 novembre sonne le glas d'une certaine femme minorisée par l'homme, reléguée à ses activités domestiques. Tout ne sera plus jamais comme "avant" pour elle. Elle aura découvert les vertus et les plaisirs de l'indépendance et ne sera pas près d'y renoncer de sitôt.

Par ailleurs, comme toujours après un bouleversement aussi considérable qu'une guerre, un désir de jouissance s'empare de tous, comme si d'avoir été si proche de la mort et d'avoir survécu décuplait l'appétit de vivre. Les

Le départ des hommes à la guerre libère des postes de travail. Nécessité fait loi. Les femmes prennent la place des hommes, comme ici dans les tramways. On les encouragera vivement à retourner dans leurs foyers une fois la guerre finie.
Ph © Arch. Giunti

“Lui dirait-on dès son retour qu’il n’y a plus civiquement ni homme ni femme mais deux êtres égaux en droit, deux unités sociales ? Déchu de son rôle séculaire de protecteur au moment où il venait de mériter une fois de plus ce titre, supporterait-il de partager avec les femmes les luttes civiles et politiques ? De la trouver partout rivale, compétitrice aux emplois qu’il ambitionne où elle a pris une sérieuse avance ?”

L’Horizon, décembre 1918

deux millions de morts et les centaines de milliers de blessés — estropiés, mutilés, aveugles, gazés — ne font que rappeler aux civils leur chance d’avoir échappé à un sort aussi terrible. De plus, les pressions sociales les contraintes familiales se sont relâchées par la force des choses : absence du père, travail de la mère. La proximité de la mort et du danger rend le désir d’amour plus urgent et, en même temps, minimise le risque. Les femmes se sentent parfois libérées du carcan étroit des conventions, surtout si, comme c’est le cas pour l’immense majorité d’entre elles, elles doivent sortir de la sphère domestique pour affronter les lieux du travail.

L’accès au travail

Car le grand changement de ces années de guerre est l’accès des femmes au travail. Par la force des choses, elles ont dû remplacer les hommes. D’abord timide, le processus se généralise. Les commerçantes, déjà accoutumées à seconder leur époux, prennent peu à peu en main la gestion de la boutique. Les entreprises publiques et privées, les banques, les bureaux, contraints par la nécessité, embauchent les femmes aux postes auparavant réservés aux hommes. Les femmes conduisent les tramways, deviennent représentants de commerce, agents de maîtrise. Dans le monde paysan, le changement est profond : la paysanne fait les foins, tient la charrue, laboure et sème ; elle n’est plus cantonnée au potager et à la volaille.

Mais c’est surtout dans l’industrie, et particulièrement l’industrie d’armement, que les femmes occupent une place importante. L’effort de guerre exige une production rapide et ininterrompue, en particulier de munitions : les “munitionnettes” qui fabriquent obus et cartouches deviennent majoritaires dans les usines ; d’autant plus qu’elles représentent une main-d’œuvre docile, sous-payée et sans tradition de lutte. Le travail y est très pénible, les conditions d’hygiène et de protection contre les accidents insuffisantes. Fatiguées par des horaires pesants, surmenées, ces ouvrières, qui gagnent à peine de quoi faire vivre leur famille, découvrent cependant aussi la solidarité féminine et la lutte. Dans le textile, le cuir, les usines de guerre, elles osent déclencher des grèves — entre 1916 et 1917 — pour obtenir des augmentations

de salaire et l'amélioration de leurs conditions de travail. Mais il faudra encore attendre des années, bien après la guerre, pour que les syndicats les acceptent à part entière et reconnaissent leurs droits.

Ces changements, dont les échos parviennent jusqu'au front, ne sont pas sans inquiéter les soldats qui redoutent aussi bien la concurrence féminine sur le plan du travail que l'évolution psychologique de leurs compagnes. Ce sentiment se manifeste ouvertement dans les journaux des combattants comme, par exemple, *L'Horizon* de décembre 1918, qui exprime sans ambages le désarroi du démobilisé :

"Lui dirait-on dès son retour qu'il n'y a plus civiquement ni homme ni femme mais deux êtres égaux en droit, deux unités sociales ? Déchu de son rôle séculaire de protecteur au moment où il venait de mériter une fois de plus ce titre, supporterait-il de partager avec les femmes les luttes civiles et politiques ? De la trouver partout rivale, compétitrice aux emplois qu'il ambitionne où elle a pris une sérieuse avance ? (...) Ramener la femme au foyer, l'écarter des luttes politiques, n'est-ce pas là le programme qu'il faut suivre si nous ne voulons pas, d'ici

Dans la haute société, chez les intellectuels et les artistes, les femmes s'émancipent et forcent les portes. Ainsi, en 1918 à New York, juste avant la prohibition, des femmes sont admises dans les bars.

Ph © Coll. Viollet

quelque vingt ans, compter des centaines de milliers de Français en moins ?"

Il est impossible de connaître les incompréhensions, les conflits, les déceptions réciproques que durent affronter les couples reconstitués après 1918 pour retrouver un nouvel équilibre. Ecœurés, en proie au désarroi, pleins de rancœur envers "ceux de l'arrière", les "embusqués", les "profiteurs", les hommes espèrent retrouver la "douceur féminine", la tranquillité du bonheur domestique, et reprochent à leurs épouses de méconnaître leurs souffrances. Des fantasmes de trahison, de jalousie empoisonnent leur imagination. Le roman de Raymond Radi-

COLETTE, UNE

Avant de devenir un écrivain connu et respecté, Colette fit partie de ces jeunes femmes émancipées de la société parisienne. Son parcours, quoique spécifique et commencé avant la guerre, n'en reflète pas moins les changements profonds qui affectèrent le destin des femmes à cette époque. Rien ne destinait cependant la jeune Gabrielle Colette, fille d'un militaire en retraite retiré dans une petite ville de Bourgogne, à devenir l'une des personnalités parisiennes les plus en vue et les plus contestées de son temps. En 1893, les hasards de la vie lui firent rencontrer Henry Gauthier-Villars dit Willy, qui était ce qu'on appelait un homme du Tout-Paris : écrivain, journaliste, très introduit dans le milieu de la presse et de l'édition, plus connu par ses scandales — nombreuses maîtresses, duels — que par sa production littéraire, laquelle était médiocre et, de notoriété publique, souvent de seconde main. Willy, qui se lassera bien vite de sa femme enfant, aura au moins un mérite : il va découvrir, sous la naïveté de la provinciale, un talent guet, *Le Diable au corps* (1923), insolent récit des amours d'une femme de soldat avec un lycéen de seize ans, surtout l'épisode de la permission du mari utilisée pour lui faire endosser la conception de l'enfant adultérin, provoque un traumatisme qui est à la mesure des craintes et des soupçons de bien des maris.

Eux-mêmes ont changé : ils ont partagé pendant de longues années la dure vie des tranchées, les combats à la baïonnette, l'oisiveté insupportable dans la boue, la saleté et la pluie, et la terreur des obus fauchant sous leurs yeux leurs camarades. Ces expériences communes ont développé chez eux un sentiment très fort de solidarité

PIONNIÈRE

de conteuse qu'il va exploiter sans scrupules, obligeant sa femme à écrire des romans qu'il signe de son propre nom : *Claudine à l'école, Claudine à Paris, Claudine en ménage, Claudine s'en va* (1900-1903). Après son divorce (1906), Colette se trouve dans l'obligation de gagner sa vie. Commence alors la période la plus scandaleuse mais aussi, de son propre aveu, la plus dure de sa vie. Elle se met à jouer la pantomime, fait du music-hall, se produit en danseuse nue et, en même temps, publie des articles de critique et des romans.
“Je veux, je veux faire ce que je veux… Je veux jouer la pantomime, même la comédie. Je veux danser nue si le maillot me gêne et humilie ma plastique, je veux me retirer dans une île s'il me plaît ou fréquenter des dames qui vivent de leurs charmes, pourvu qu'elles soient gaies, fantasques, voire mélancoliques et sages comme sont beaucoup de femmes de joie. Je veux écrire des livres tristes et sages où il n'y aura que des paysages, des fleurs, du chagrin, de la fierté… Je veux chérir qui m'aime et lui donner ce qui est à moi au monde : mon corps rebelle au partage, mon cœur si doux et ma liberté” (in *Dialogues de bêtes*, 1904).
Mais dans *L'envers du music-hall* (1913), Colette dévoile sans complaisance la misère des femmes crevant de froid et de faim dans des tournées misérables, avec des enfants à élever et des compagnons absents, luttant contre la maladie, la sous-alimentation, ployant sous les dettes, exploitées par des régisseurs avides. Elle publie *La vagabonde* (1910), *L'entrave* (1913), *Chéri* (1920), *Mitsou* (1919), toujours sous le nom de Colette Willy. Ce n'est qu'en 1923, à l'âge de cinquante ans, qu'elle publie sous son nom de jeune fille — Colette — son roman *Le blé en herbe* (1923). Lorsqu'elle meurt en 1954, elle est la première femme à avoir des obsèques nationales. ■

Colette au music-hall, en 1909 (p. 116) et en 1927 (p. 117).
2 Ph © Coll. Viollet

masculine. Le souvenir des souffrances subies, des attentes et des espoirs, des horreurs supportées dans la fraternité a modifié leur comportement. Jamais ils ne pourront oublier les camarades morts au combat et reprendre la vie insouciante, ou du moins tranquille, d'antan. De plus, les anciens combattants trouvent que la patrie ne reconnaît pas suffisamment leur sacrifice et ne leur donne pas la place qu'ils méritent, désormais occupée principalement par les femmes.

Le reflux d'après-guerre

Mais le sort des femmes n'est guère plus enviable. Tout d'abord, dès le retour des guerriers, on leur enjoint fermement de regagner leur foyer et d'assumer leur rôle de mère et d'épouse. En France, un avis du ministre Louis Loucheur somme ainsi les ouvrières de guerre de retourner à leurs anciennes occupations de manière à permettre aux hommes de récupérer leur place. Les femmes qui acceptent de quitter leur travail dans les trois semaines après la démobilisation reçoivent un mois de salaire à titre de compensation. Les licenciements se succèdent ; les femmes se retrouvent au foyer, dépourvues de toute autonomie économique. Elles doivent reprendre leurs habitudes et accepter l'autorité du mari ; car le code civil toujours en vigueur considère la femme comme une mineure juridique pour tous les actes de la vie civile, sans aucun pouvoir sur les biens du ménage, et privée de la puissance maternelle sur les enfants. Il faudra attendre 1938 pour qu'elle acquière la capacité civile (ester en justice,

Manifestation de suffragettes américaines pendant la Grande Guerre. Dès 1920, les femmes des pays scandinaves, des Etats-Unis, de Grande-Bretagne et de Nouvelle-Zélande obtiennent le droit de vote. En France, il leur faudra attendre une autre guerre.
Ph © Arch. Giunti

La révolution russe de 1917 a eu d'importantes répercussions sur la situation sociale des femmes. Après les décrets sur le divorce, l'institution du mariage civil (décembre 1917), le premier Code de la famille, approuvé le 16 septembre 1918, établit l'égalité des droits politiques et civils entre hommes et femmes. Ici, une femme vote pour la première fois, à Petrograd en 1918.
Ph © Coll. Viollet/T

avoir un compte bancaire, demander un passeport) et les années soixante-dix pour que l'autorité parentale soit partagée entre les deux parents. Le divorce, régi selon la loi de 1884, établit une distinction entre l'adultère de la femme et celui du mari : pour ce dernier, il n'est reconnu comme tel qu'en cas de concubinage au domicile conjugal. Le seul changement notable apporté par une loi de 1924 au statut des femmes concerne le droit à une pension alimentaire en cas d'abandon de famille par le mari.

Quant au droit de vote, alors que les pays scandinaves, les Etats-Unis, la Grande-Bretagne, le Danemark et même la Nouvelle-Zélande (qui fut pionnière en la matière) l'accordent aux femmes dès 1920, il n'en est pas question en France. En 1919, la Chambre des députés vote bien un projet de loi en ce sens, mais il n'est pas ratifié par le Sénat et donc abandonné. En 1922, Maurice Barrès dépose une proposition de loi accordant ce droit aux veuves de guerre, sous forme de “suffrage des morts” — uniquement pour remplacer celui du mari disparu —, mais elle est repoussée par la Chambre à une écrasante majorité. Les revendications des féministes françaises, structurées dans des organisations comme la Ligue d'action féminine pour l'obtention immédiate du suffrage, dirigée par Marthe Bray-Smeets, l'Union nationale pour le suffrage des femmes dont la présidente est Edmée de la Rochefoucauld, l'Union pour le suffrage des femmes de Cécile Brunschvig et les actions spectaculaires à la Chambre des députés sont, soit récupérées par les partis politiques, soit marginalisées. Il faudra une deuxième guerre pour qu'en 1944, le général de Gaulle octroie enfin le droit de vote aux citoyennes sans discrimination. De même, l'énorme saignée opérée par la guerre dans la population masculine et l'obsession des pouvoirs publics concernant la dénatalité durcissent les lois sur la libre disposition de leurs corps par les femmes. En 1920, l'avortement est puni comme un crime et la propagande anticonceptionnelle interdite. On évalue le nombre d'avortements clandestins à plus de cent mille par an.

On ne peut oublier dans ce tableau le sort douloureux et tragique des veuves de guerre, au nombre de six cent mille en France. Souvent très jeunes — on se mariait tôt en ce temps-là —, avec un enfant à charge, parfois unique car conçu lors d'une permission, leur vie est considérée comme terminée après la mort de leur mari. Respectées, dotées d'une petite pension, aidées par l'Etat dans l'éducation de leurs enfants pupilles de la nation, elles sont condamnées, par les conventions sociales, le devoir de fidélité envers le défunt et aussi le manque d'hommes valides, à mener une vie sacrifiée et solitaire. Soumises aux pressions familiales et sociales, il leur est interdit de "refaire leur vie", et leurs longs voiles noirs, leurs visites mortuaires, leur détresse, leurs souvenirs nostalgiques pèsent parfois lourdement sur les enfants d'une union éphémère.

Les veuves de guerre symbolisent un autre aspect — tragique — de la condition féminine des années vingt. Toute une génération de jeunes femmes ont ainsi vu leur vie brisée par la mort de leur époux sur les champs de bataille. Images du sacrifice et du devoir, elles hantent les cimetières et figurent parfois dans les cérémonies officielles, un enfant — fruit d'une brève permission — à leur côté.

Ph © Coll. Viollet

L'engouement pour le sport va de pair avec la disparition du corset et des fanfreluches. Certaines femmes s'y illustrent, comme Suzanne Lenglen, première femme championne de tennis.
Ph © Keystone

Mais l'idée d'avoir un métier progresse dans la conscience féminine. De plus en plus, les jeunes filles, qui ne veulent pas vivre comme leurs mères et ont vu les avantages de la liberté qu'offre un emploi, envisagent de travailler. C'est surtout dans le secteur tertiaire qu'elles chercheront à s'intégrer. Outre les métiers classiques d'institutrice et de dactylo (des écoles professionnelles de secrétariat souvent promues par des féministes engagées voient alors le jour), quelques femmes médecins et avocates apparaissent sur le marché ; mais leur percée est difficile, la clientèle rare et, surtout, elles doivent lutter contre un sentiment de culpabilité : on les accuse de négligence envers leurs enfants, tant est ancrée dans l'opinion l'idée que la vie professionnelle est incompatible avec les devoirs de la maternité.

L'émancipation du corps

Une véritable révolution s'opère dans leur aspect physique et dans leurs mœurs. Déjà un peu avant la guerre, le couturier Poiret avait libéré le corps de la femme en supprimant le corset et en créant des vêtements plus souples ; mais rares étaient les femmes qui pou-

vaient se les offrir, et cette mode était réservée aux clientes riches. La mode ne descendait pas encore dans la rue et, dans l'ensemble, les femmes ne la suivirent pas.

Mais les nécessités du travail, des transports en commun, de la rapidité et de la précision des mouvements ne sont plus compatibles avec des robes trop longues traînant sur les pavés, des coiffures compliquées, de grands chapeaux incommodes. La robe courte apparaît, arrêtée au genou, elle laisse voir les jambes gainées de soie et des chaussures confortables à petit talon, bien loin des bottines à multiples boutons d'antan. Le vêtement se compose d'une tunique, légèrement attachée aux hanches, glissant le long du corps. Pour le soir, elle est rutilante, brodée de strass ou de sequins ; car les tissus nouveaux sont souples, légers, faciles à couper, et une couturière de génie, Coco Chanel, en utilisant un tissu malléable, le jersey, bouleverse totalement le monde de la couture. La mode est à la simplicité. Finis les fanfreluches, les volants et les rubans. Les lignes sont droites et les jupes plissées permettent les danses nouvelles importées d'Amérique, comme le charleston, qui font fureur.

La grande nouveauté de l'époque, c'est la coiffure. Jusqu'à présent, une longue chevelure était considérée comme la plus belle parure de la femme ; tressée depuis le plus jeune âge, celle des jeunes filles pouvait atteindre un mètre cinquante. Lors du mariage, tordue en chignon, elle n'était dénouée que dans l'intimité conjugale et ajoutait aux charmes de la femme. Puissant facteur érotique, elle se chargeait d'une symbolique archaïque associant féminité et chevelure. Or, voici que les femmes coupent leurs cheveux. Coiffées en casque serré par un bandeau au milieu du front, à la page, à la Jeanne d'Arc, elles ont perdu leur mystère et même leur caractère féminin.

Modèle du couturier Poiret, 1925. Le corps est libre sous le vêtement fluide. Poitrine plate, cheveux courts, robe-tunique sont les caractéristiques de la nouvelle femme : la garçonne.
Ph © Roger-Viollet

COCO CHANEL, LA MAGICIENNE

Une autre femme, dont le destin devait se révéler exceptionnel, exerça une profonde influence sur la vie des femmes. Simple couturière, Coco Chanel, par quelques coups de ciseaux, modifia totalement leur aspect et par conséquent leur façon d'être, de marcher, de se mouvoir.

Comme Colette, la jeune Gabrielle Chanel monta de la province vers Paris, mais dans des conditions bien différentes. D'une famille modeste, orpheline de mère et abandonnée par son père, elle fut élevée dans un orphelinat dans la région de Limoges. A cette époque, une jeune fille pauvre, sans appuis ni famille, n'avait aucune chance de se marier, surtout en province. Douée d'une élégance et d'une distinction qui frappèrent ses contemporains, mais aussi d'une volonté peu commune, elle fut vite admise dans le milieu des célibataires fortunés de la région. Mais la jeune fille avait d'autres ambitions ; elle obtint les fonds nécessaires à l'ouverture d'une boutique en pleine guerre, d'abord à Deauville puis à Biarritz et Paris, où elle proposa tout d'abord des chapeaux puis des vêtements qui ne ressemblaient à aucun autre. Finies les lourdes capelines chargées de volatiles encombrants : elle coiffa les femmes de canotiers de paille noués d'un simple ruban. A la place des lourds tissus, elle proposa le jersey, utilisé alors seulement pour les vêtements d'homme ou de sport, et dessina dans ce tissu souple et malléable des tailleurs droits, des cardigans de marin, des petites robes droites sans col ni poignets qui suivaient la ligne du corps. Elle apprit aux femmes le “bon goût”, la sobriété, la simplicité, la rigueur, les débarrassa des fanfreluches, leur fit découvrir l'élégance des couleurs sombres — elle lança le noir, réservé jusqu'alors au deuil —, des chaussures simples à petits talons, les tissus souples et, surtout, selon la légende, la mode des cheveux courts. Le succès fut immédiat, immense. Non seulement les élégantes se précipitèrent chez “Mademoiselle”, comme on l'appelait, mais, pour la première fois peut-être, la mode descendit dans la rue. Le tailleur Chanel fut copié et recopié, jusqu'à devenir presque l'uniforme de la femme moderne. C'est que cette mode correspondait aux changements des mœurs. Les femmes qui travaillaient avaient besoin de vêtements faciles à porter en toute occasion, adaptés à toutes les circonstances et à leur nouveau style de vie. Mais Chanel sut aussi s'entourer d'artistes, de créateurs, peintres, écrivains, qui stimulèrent son imagination. Les ballets russes avec Diaghilev, la musique avec Stravinski, la poésie avec Reverdy et Cocteau, la peinture avec Picasso, tout ce qui était nouveau et touchait aux arts fit partie, à des moments divers, de son entourage. Femme de tête, femme d'affaires, son entreprise devint le pôle d'attraction de ces années et le symbole d'une réussite féminine exceptionnelle dans le monde de l'argent. D'autres femmes s'illustrèrent également dans le monde de la couture, Madeleine Vionnet, Madame Grès et, plus tard, Elsa Schiaparelli. Mais aucune ne fut aussi adaptée à son époque que Coco Chanel. ■

Ph © Roger-Viollet

C'est la garçonne, un être androgyne : poitrine plate, jambes musclées par la pratique des sports, voix forte par l'usage de la cigarette et de l'alcool. Femme émancipée, elle fréquente les cafés et les boîtes de nuit, elle sort seule ou avec des hommes, elle entend mener librement sa vie sexuelle et ne craint pas de se livrer aux expériences troublantes de la drogue et des amours lesbiennes. Ce portrait excessif tracé dans un livre célèbre, *La Garçonne* (1922) — qui fit scandale et valut à son auteur, Victor Margueritte, d'être radié de l'ordre de la Légion d'honneur pour insultes à la jeune fille française —, correspond à une frange limitée de femmes vivant à Paris, dans un certain milieu privilégié. Mais il incarne quand même un type de femme assez répandu pour avoir donné son nom à une époque. Le roman de Victor Margueritte choqua parce qu'on trouvait inadmissible et invraisemblable qu'une femme puisse aller aussi loin dans la libération des mœurs. Pourtant, certaines femmes du monde littéraire et artistique auraient pu lui servir de modèle. A commencer par une femme qui, en 1920, fut promue chevalier de la Légion d'honneur et qui, cependant, ne cachait pas, ni dans ses livres ni dans sa vie, qu'elle ne respectait pas les normes traditionnelles : Colette.

Femme du peintre Peter Abelen (1927-1928). Le refus de la féminité traditionnelle va parfois jusqu'à l'androgynie. L'unisexe existe déjà.
Ph © A. Sander/A.K.G., Berlin

Le sport entre dans la vie des femmes, la gymnastique est pratiquée dans les écoles, la championne de tennis Suzanne Lenglen donne l'exemple du costume court sur les terrains. Le maquillage devient — en apparence — plus naturel, le bronzage à la mer et à la montagne se répand, les soins de beauté se modifient en conséquence. Deux femmes se taillent une place de choix dans ce nouveau marché des cosmétiques et le révolutionnent en faisant appel à de nouveaux produits mais aussi de nouvelles techniques de lancement : Helena Rubinstein et Elizabeth Arden aux Etats-Unis.

***V**être de tuniques plissées et chaussée de cothurnes, Isadora Duncan parcourt l'Europe en se donnant pour mission de faire revivre la danse grecque. Amours tumultueuses, engagements politiques, extravagances, sa vie est tout entière vouée à la danse et à son enseignement.*
Ph © Roger-Viollet

Le monde des arts

Dans le domaine des arts, des femmes s'imposent — difficilement sans doute —, mais elles existent. Germaine Tailleferre, compositrice, fait partie du Groupe des Six et compose des musiques de ballets sur des textes de Jean Cocteau. La pianiste Marguerite Long forme avec Jacques Thibaud un célèbre couple d'interprètes, Nadia Boulanger et sa sœur Lili — qui mourra trop jeune — sont au cœur de la vie musicale d'avant-garde, Wanda Landowska ressuscite le clavecin.

De la réalisatrice Germaine Dulac, Louis Delluc dira : "Je ne connais pas de metteur en scène qui pense davantage." Protagoniste du cinéma d'avant-garde, elle le considère comme un art, non de narration, mais d'émotion, et privilégie le rythme, le mouvement et l'impression par rapport au récit. Elle est une des premières à proposer une théorie d'un cinéma pur, débarrassé de toute intrigue. "L'avenir est au film qui ne pourra se raconter... l'histoire n'est qu'une surface", soutient-elle. En utilisant les jeux de lumière, les formes rapides, les surimpressions, elle parvient à exprimer avec subtilité dans *La souriante Madame Beudet* (1923) les pensées d'une femme mal mariée. *La Coquille et le Clergyman* (1927), sur un scénario d'Antonin Artaud, fait scandale :

on y voit les seins nus d'une femme et un soutien-gorge en forme de coquillage !

Parmi les peintres, Sonia Delaunay se fait un nom aux côtés de son mari par ses toiles rayonnantes de couleurs vives et élargit son champ d'action en transposant son style géométrique sur des tissus de robes, des foulards, de la porcelaine et une foule d'objets décoratifs. Sylvia Beach publiera à ses frais le roman le plus révolutionnaire du siècle, *Ulysse* de Joyce ; comme Adrienne Monnier, elle tient une librairie où se rencontrent les écrivains connus et inconnus, français et étrangers, de ce temps, et Gertrude Stein, Américaine devenue Parisienne d'adoption, commence sa collection de peintres modernes. Louise Weiss, journaliste active, brillante, suffragette convaincue, fonde *L'Europe nouvelle*.

Excentrique, se promenant chaussée de cothurnes et vêtue d'une tunique grecque, la danseuse Isadora Duncan parcourt l'Europe en se donnant pour mission de faire revivre la danse grecque. De Paris à Berlin en passant par Saint-Pétersbourg, cette Américaine intrépide balaie les convenances, épousant au passage le grand poète russe Essenine rencontré lors d'une tournée mouvementée dans la Russie bolchevique, l'entraînant avec elle aux Etats-Unis dans une succession étourdissante de fêtes et de spectacles ruineux, tout en multipliant les déclarations probolcheviques qui font scandale. Persuadée de sa mission, elle crée une pédagogie de la danse, des écoles pour enfants, afin de propager son enseignement. Sa mort fut tragique : elle se tua sur la route de Nice, étranglée par sa longue écharpe qui s'était prise dans les roues de sa voiture décapotable. Sa vie parsemée de malheurs — ses deux enfants s'étant noyés dans la Seine, Essenine, dont elle s'était séparée, se suicidant à son retour en Russie — frappa l'imagination, mais la conception de la danse qu'elle développa, mettant en

Entrée au Conservatoire de musique à l'âge de douze ans, Germaine Tailleferre (1892-1983) y remporte les premiers prix de composition et d'harmonie. Elle compose des œuvres pour piano et violon qui sont interprétées par les plus grands pianistes de l'époque et participe au "Groupe des Six" avec Francis Poulenc, Darius Milhaud, Arthur Honnegger, Georges Auric et Louis Durey.

Ph © Lipnitzki-Viollet

Avec les Américaines, les Anglaises sont aux avant-postes de l'émancipation féminine. Ici, une démonstration d'autodéfense par Miss Dot Butler, dans le club sportif féminin de Londres.
Ph © Keystone

avant la libération du corps et un retour au rythme simple et naturel, fait preuve d'une nouveauté et d'un modernisme certains.

Les Anglo-Saxonnes aux avant-postes

Les femmes anglaises sont parmi les plus avancées en ce qui concerne leurs droits. La *flapper*, l'équivalent de la garçonne française, est vigoureusement défendue par des écrivains prestigieux comme Bernard Shaw et Bertrand Russel. Les femmes votent depuis 1918 si elles ont plus de trente ans, et dès leur majorité à partir de 1926.

En 1924, l'égalité des sexes en cas de divorce est promulguée. Le *birth control* est à l'ordre du jour, soutenu par de puissantes associations qui, influencées par le malthusianisme, militent en faveur de la contraception;

Danseuse d'origine américaine, Joséphine Baker arrive en 1925 à Paris, où elle devient la vedette de la célèbre Revue Nègre du théâtre des Champs-Elysées. Le charme exotique et érotique qu'elle exerce lui vaudra une renommée internationale.
Ph © J.-L. Charmet

à leur tête, une femme médecin, Maria Stopes, ouvre la première clinique où l'on donne des conseils de contraception féminine. Celle-ci est fréquemment adoptée par les couples mariés et fait l'objet d'une information ouverte. La lutte contre la pénalisation de l'avortement est durement menée par les féministes. Interdit officiellement "à moins que la santé de la mère soit en danger", il sera toléré en 1938 en cas de risque physique ou mental pour la mère. Nombreuses dans les syndicats, les femmes ont cependant plus de difficultés à se faire une place dans les partis politiques ; elles créent une section féminine très active au *Labour Party* et se battent pour imposer l'école obligatoire jusqu'à seize ans et contre la mortalité infantile ; mais, sauf cas exceptionnel comme Margaret Bondfiel qui devient la première femme ministre en 1924, elles occupent rarement des postes de haute responsabilité.

Le modèle envié reste la femme américaine. Ne bénéficie-t-elle pas de toutes les ressources de la technologie moderne ? d'un niveau de vie en général bien supérieur à celui des Européennes ? Relayés par le cinéma, l'intérieur confortable de la maison américaine, la voiture automobile familiale, les machines qui simplifient le travail ménager donnent à l'épouse américaine une sérieuse avance sur ses consœurs. De plus, les désirs de liberté individuelle, le droit à l'épanouissement personnel dans le mariage et hors mariage sont non seulement pris en compte, mais font l'objet de publications scientifiques dues au développement que connaissent

Première femme ministre en 1924, l'Anglaise Margaret Bondfield lutta pour améliorer le sort des femmes au travail.
Ph © Coll. Viollet

les sciences sociales entre les deux guerres. Ouvrages de psychologie et de sociologie tentent de cerner la femme moderne. Le mariage n'est plus considéré comme un système de domination masculine, mais comme une formule égalitaire. De nombreuses femmes fréquentant les universités, occupant des emplois, le problème de concilier le travail et la vie de famille fait l'objet d'analyses et de prises de position dans les magazines féminins.

Mais, libérée, émancipée — elle vote depuis 1918 —, la femme américaine est aussi tributaire de l'image modèle que la publicité lui renvoie. Le développement des techniques de production, la standardisation des produits, l'innovation technologique, les techniques de marketing visent d'abord les femmes. La femme moderne devient la consommatrice. Responsable des dépenses du ménage, elle est la cible privilégiée de la publicité et des techniques de vente qui sont de plus en plus sophistiquées. Libre de son corps, exigeante envers son conjoint, capable d'accéder au monde du travail dans des conditions optima, la femme américaine semble la figure de proue de toutes les libérations. Mais la Grande Dépression de 1929 aura pour première conséquence le renvoi des femmes mariées dans leur foyer, et la réaffirmation de leur rôle traditionnel montrera combien le nouveau modèle était fragile et l'émancipation loin d'être acquise.

La fin des années vingt verra les femmes régresser progressivement, en Europe plus radicalement qu'en Amérique. A cela plusieurs raisons. La première est que le modèle traditionnel de la femme n'a pas disparu pour l'immense majorité de la population, à commencer par les femmes elles-mêmes, dont 40 % sont des agricultrices. La résistance à une modification des rôles est très forte. Le travail féminin est perçu comme transitoire, secondaire, et non comme une activité autonome. Mais il faut remarquer que dans les pays comme les Etats-Unis et la Grande-Bretagne, où des lois sont intervenues sur le droit de vote, le divorce ou l'avortement, les changements ont été plus profonds et plus durables. En l'absence de ces lois, les modifications n'ont été que des changements de mœurs fragiles, malgré leur aspect spectaculaire. Cette période apparaît donc comme une transition entre la reconnaissance des droits civils et politiques des femmes et les revendications féministes des années soixante-dix; en particulier, le droit à la différence et à la reconnaissance de l'identité féminine. La lutte pour l'intégration des femmes dans la cité va se heurter aux circonstances historiques — la crise de 29 —, mais aussi à l'absence d'organisation du mouvement féministe et de prise de conscience des femmes

VIRGINIA WOOLF ET LE DROIT À LA CRÉATION

Née à Londres en 1882 dans un milieu artistique et littéraire, épouse de Leonard Woolf, rédacteur en chef du *Cornhill Magazine*, Virginia Stephen (de son nom de jeune fille) vécut toute sa vie dans le milieu intellectuel le plus raffiné d'Angleterre, au sein du groupe dit de Bloomsbury qui comprenait entre autres l'économiste John Maynard Keynes, le critique Roger Fry, l'écrivain Edward Morgan Forster. Avec son mari, elle fonde une maison d'édition, la *Hogarth Press*, qui jouera un rôle très important dans la vie intellectuelle de l'époque. Les œuvres de Virginia Woolf — *La Chambre de Jacob* (*Jacob's Room*, 1922), *Mrs. Dalloway* (1925), *La Promenade au phare* (*To the Lighthouse*, 1927) — transcrivent le fleuve de la conscience des personnages dans un style sensible, impressionniste et fragmentaire. Qu'il s'agisse de la journée d'une dame de la haute société ou de la vie calme d'une famille en vacances, l'art de l'auteur transmet à travers quelques petits événements quotidiens le sentiment inéluctable du temps qui passe et des désirs non réalisés. Avec *Orlando* (1928), elle crée un personnage qui traverse les siècles en endossant tour à tour l'identité féminine et masculine : ce roman ambitieux se situe dans la veine féministe de Virginia Woolf qu'elle exprimera dans *Une chambre à soi* (*A Room of your own*, 1929), où elle revendique le droit à la création féminine. En proie à des crises de dépression, profondément perturbée par les bombardements allemands sur Londres pendant la Seconde Guerre mondiale, elle se suicidera en se noyant dans la Tamise en 1941. ■

Ph © Coll. Viollet

elles-mêmes. C'est pourquoi on a le sentiment que les années folles ne sont qu'en apparence des années de libération — sauf pour certaines privilégiées. C'est aussi pourquoi les années trente vont voir si rapidement les femmes rentrer dans le rang.

Deux pays cependant échappent à ce tableau, pour des raisons historiques évidentes : l'Italie fasciste (voir encadré ci-dessous) et la Russie soviétique.

Les femmes russes : une libération en trompe-l'œil

En 1917, le nouveau pouvoir bolchevique institue le divorce par consentement mutuel, sans notion de faute. C'est le premier pays au monde à adopter un tel système. Mais il va plus loin : abolition du mariage religieux, simplification de la procédure du mariage, abolition de la puissance maritale (le mari ne peut imposer à sa femme un nom, un domicile, une nationalité), égalité absolue des deux parents vis-à-vis des enfants, égalité des

"Jeune Femme fasciste" prêtant serment, à Rome.
Ph © Arch. Giunti

FASCISME ET ANTIFÉMINISME

En Italie, le fascisme qui s'installe au début des années vingt ne cache pas ses conceptions antiféministes, mais sait jouer dans le même temps la carte de la modernité pour enrôler les femmes. Obsédé par la baisse de natalité — commune à toute l'Europe dans ces années-là —, Mussolini demande, en 1927, "des naissances, des naissances, encore des naissances" et favorise les congés de maternité, les prêts pour mariage et naissance. L'avortement est un crime, de même que la contraception, et un impôt spécial est institué pour les célibataires.
Dans un pays peu industrialisé, où le travail est souvent précaire, clandestin, et le modèle patriarcal profondément ancré dans toutes les couches de la société, la fonction des femmes est de préparer les enfants à servir le pays pendant que les hommes subviennent aux besoins de la famille.
Parallèlement, on encourage leur adhésion aux organisations parapolitiques qui les intègrent dans la mobilisation de masse, surtout à partir de la guerre d'Ethiopie, afin de soutenir le régime. Mussolini lui-même soignera son image de père auprès des femmes par des discours enjôleurs et des actions spectaculaires. D'une manière générale, les femmes suivirent ses "recommandations", puisque, à la veille de la Seconde Guerre mondiale, pas moins de 3 180 000 femmes possédaient la carte du parti fasciste. ■

droits des enfants naturels et des enfants légitimes, congés de maternité, protection du travail des femmes enceintes et, surtout, en 1920, loi autorisant l'avortement (confirmée en 1926). Pourtant, malgré ces dispositions révolutionnaires, il ne faut pas croire que les dirigeants se prétendent féministes au sens moderne du mot. Pour les marxistes — qui s'appuient sur les textes de Friedrich Engels et August Bebel —, la position de la femme dépend de la structure économique dans la société ; il suffit donc de changer cette structure par la révolution pour qu'elle soit libérée et devienne l'égale de l'homme, c'est-à-dire une travailleuse participant à la production au même titre que l'homme. En fait, la question féministe est escamotée au profit de la révolution censée régler peu à peu tous les problèmes, y compris celui de l'exploitation des femmes.

Jeunes gymnastes à Moscou, en 1930. L'égalité des hommes et des femmes est prônée par la révolution bolchevique. En fait, leur sort ne sera pas plus enviable qu'ailleurs. L'accès au travail leur est ouvert, mais pas aux véritables responsabilités.
Ph © Roger-Viollet

Une femme, cependant, Alexandra Kollontaï, ne cessera de poser le problème de la vraie libération des femmes,

Affichant ouvertement ses théories sur la liberté sexuelle de la femme, Alexandra Kollontaï fut la première femme ambassadrice au monde. Mais elle subit l'hostilité et les critiques tant pour ses idées révolutionnaires sur les femmes que pour son élégance et son goût des belles toilettes, jugés peu prolétariens.
Ph © Coll. Viollet

en donnant l'exemple par sa propre vie. Dès sa jeunesse, elle manifeste son indépendance d'esprit, se mariant pour échapper à l'autorité familiale, puis abandonnant son époux quelques années plus tard pour aller étudier à Zurich, où elle fréquente l'élite révolutionnaire russe en exil et devient révolutionnaire. Première femme élue au Comité central du Parti en 1917 (elle vota en faveur de l'insurrection), commissaire du Peuple à la Santé, première ambassadrice au monde, elle cherche à concilier marxisme et féminisme en prônant le droit à la liberté sexuelle ainsi qu'une forme moderne de l'amour — d'où seraient bannies jalousie et possession —, fondée sur le respect réciproque et l'égalité des partenaires en tant que membres égaux de l'Etat prolétarien. En fait, elle tente de lier la lutte des classes à la sexualité. Elle est d'autant plus attaquée qu'elle ne se gêne pas pour mettre en pratique ses théories, multipliant aventures et liaisons, affichant un nonconformisme provocateur. Ses théories sont violemment critiquées par Lénine lui-même — qui affiche une conception monogamique et traditionnelle du couple et considère toute libération sexuelle comme un phénomène décadent. Il accuse Alexandra Kollontaï d'anarchie sexuelle, lui reproche de réduire l'acte sexuel à la consommation d'un “simple verre d'eau”.

Les années qui suivent la révolution sont toutefois marquées par une véritable révolution des mœurs — divorces, libre disposition des corps, avortements, accès au travail —, mais aussi par d'énormes bouleversements — instabilité du mariage, abandon des femmes, pensions alimentaires trop faibles, bas salaires (malgré une égalité théorique), pénurie de logements, de crèches. En 1919 est créée la section féminine du Comité central du Parti, le ZENOTDEL, dont Kollontaï sera un temps présidente. Malgré des ramifications à tous les niveaux du parti et des pouvoirs très étendus, en 1923 l'organisme est accusé de déviationnisme féministe et sera supprimé en 1929. La condition des femmes est alors tributaire de l'évolution politique du pays et de la lutte de tendances qui fait rage.

A la fin des années vingt, l'industrialisation à outrance, le tournant économique de la NEP, la répression des paysans, mais surtout l'instauration progressive du régime totalitaire stalinien et le glacis dans lequel s'enferme le pays marquent la régression du statut des femmes. L'avortement est interdit en 1936, la procédure du divorce devient plus pesante, la morale officielle prône le retour à une famille forte, au devoir de procréation et donne une image conventionnelle et idéologique des femmes, piliers du foyer et de la société des travailleurs.

Dès 1936, le nouveau projet de loi sur la famille — dont une femme donne ici lecture dans une usine — impose le retour des femmes au rôle conventionnel de pilier du foyer et de la société des travailleurs.
Ph © Coll. Viollet

Chapitre 6

LA RECHERCHE D'UN NOUVEL ART DE VIVRE

FONCTIONNALITÉ, TRANSPARENCE, SIMPLICITÉ DES LIGNES : QU'IL S'AGISSE DES TENANTS DE L'ART DÉCO, DES ARTISANS DU BAUHAUS OU DES ARCHITECTES RUSSES, L'ART S'UNIT À LA TECHNIQUE POUR SE METTRE AU SERVICE DE LA VIE QUOTIDIENNE.

Un phénomène prend une ampleur croissante dans la commercialisation des produits : la publicité, qui envahit de plus en plus l'univers visuel des gens, subit des transformations spectaculaires. Les techniques américaines de marketing, expérimentées par les études de marché des sciences sociales, la production de masse des objets, la concurrence féroce que se livrent les grandes entreprises ont entraîné la prise en compte plus attentive du message publicitaire par des spécialistes qui deviennent des relais indispensables au processus de production. Outre le développement de techniques spécifiques — répétition du message, utilisation de la radio de plus en plus présente dans les familles —, ils attirent certains artistes qui ne dédaignent pas, comme Moïse Kisling ou Kees Van Dongen, de mettre leur talent au service du marché. De véritables créateurs d'affiches se font jour — comme Paul Colin —, qui, influencés par le cubisme, étirent les formes, stylisent les silhouettes, déforment les objets, aplatissent les volumes, utilisent les effets spéciaux de la photographie et du collage. La publicité des vins Nicolas, avec ses lettres dispersées autour d'une silhouette mi-bouteille mi-homme, devient une célébrité, et les publicistes font assaut d'imagination pour imposer une nouvelle manière de voir, mouvante, dynamique, abstraite, qui rompt avec l'impressionnisme et l'expressionnisme antérieurs. La publicité, en modifiant les habitudes des spectateurs, joue ainsi un rôle non négligeable dans la diffusion des nouvelles modes.

Pavillon soviétique de l'Exposition internationale des Arts décoratifs, à Paris en 1925. Les théories modernes sur l'architecture trouvent alors un terrain fertile en URSS. Les architectes lient les nouvelles techniques aux préoccupations sociales. Mais on reviendra vite à des conceptions plus classiques et plus banales.
Ph © Harlingue-Viollet

Publicité pour les voitures Ford, à Paris en 1925. La publicité fait de plus en plus partie des techniques de vente. L'Amérique est à la pointe en ce domaine et les sciences sociales se mettent au service du marketing.
Ph © Harlingue-Viollet

Car c'est une véritable révolution qui se produit dans le domaine de l'habitation, de son agencement et de tout ce qui concerne la décoration intérieure des maisons. De même que la silhouette de la femme change du tout au tout par rapport aux années d'avant-guerre, de même l'architecture et ses annexes voient des novateurs rompre avec les formes du passé et créer le style Art déco, en référence à l'événement qui lui donnera ses lettres de noblesse, l'exposition des Arts décoratifs tenue à Paris en 1925.

L'esprit Art déco

En réaction aux exubérances du style Art nouveau du début du siècle — caractérisé par une décoration s'inspirant du monde végétal et animal, avec volutes, lianes, animaux, prolifération de formes affectionnant l'arrondi, le moelleux —, le nouveau style est animé par un souci de simplification qui, en comparaison, paraît pauvre et triste. Dans la décoration des appartements d'avant-garde émerge un nouveau concept d'élégance où dominent le blanc, l'utilisation de matériaux froids — la céramique ou le verre —, les grandes baies vitrées, la stylisation et l'épuration des formes, la fonctionnalité à la place de l'ornementation. En France, les verriers, comme Lalique et Baccarat, les orfèvres, comme Christofle, s'inspirent des nouvelles notions développées par les architectes modernes, qui mettent en valeur la clarté, la libre circulation de l'air et de la lumière. On aère les appartements jadis étouffés sous les lourdes tentures de velours, on nettoie les fauteuils des pompons et des franges, on ouvre les fenêtres sur des espaces verts. Le décor se débarrasse de l'ornement et intègre les matériaux utilisés par l'industrie, comme l'acier ou le verre.

Pour les artistes, il s'agit de créer des objets qui découlent des techniques modernes et dont la dimension utilitaire est plus importante que la définition ornementale. L'installation d'une maison englobe tous ses aspects, meubles et décoration intérieure compris, et les plus riches s'adressent à des artistes qui prennent en charge toute l'opération, depuis la construction jusqu'à l'aménagement de la salle de bains, de manière à faire de l'ensemble une harmonie de style. Ainsi, les couturiers Jacques Doucet et Jeanne Lanvin confient leur maison au décorateur Paul Iribe ou à l'architecte Armand Rateau. Les parfumeurs font dessiner leurs flacons par les grands verriers et les diffusent dans les grands magasins d'où la mode se répand dans la rue.

LE CORBUSIER (1887-1965)

De son vrai nom Charles-Edouard Jeanneret, né en Suisse, il s'installe pendant la guerre à Paris où il fonde avec le peintre Amédée Ozenfant la revue *Esprit Nouveau*; il commence à construire des maisons qui font scandale car il utilise des éléments préfabriqués, ouvre l'espace sur l'extérieur, jetant les façades sur le paysage à la manière d'un paquebot, assouplit l'espace intérieur en lui adjoignant des cloisons mobiles modifiables à volonté (la maison Cook à Boulogne-sur-Seine en 1926, la villa Stein à Garches en 1927). Le pavillon qu'il présente à l'Exposition internationale des Arts décoratifs est l'attraction de la manifestation, mais aussi le prototype le plus vigoureusement attaqué; il illustre l'esprit révolutionnaire de la nouvelle architecture.
Ne craignant pas de prendre modèle sur l'industrie, il mettra surtout sa réflexion au service de la collectivité, imaginant des habitations qui ambitionnent de restructurer la ville et qui tiennent compte des impératifs de la vie moderne, pour lesquelles il utilise le béton, une ossature standardisée, les pilotis qui permettent la circulation des piétons, les fenêtres en bandeau qui ensoleillent au maximum l'espace, le toit en terrasse utilisé en jardin ou en services collectifs (crèches, jardins d'enfants...). ■

Le Corbusier à Moscou, en octobre 1928.
Ph © Coll. Viollet

Mais c'est surtout dans le domaine de l'architecture que se produisent les percées les plus spectaculaires, parce que les conceptions nouvelles sont en rapport avec des conceptions utopiques ; l'architecture est inséparable d'une réflexion sur la société, les besoins humains et les possibilités de les satisfaire de manière harmonieuse. C'est pourquoi les textes théoriques et les expériences se retrouvent aussi bien dans les pays capitalistes que dans la Russie soviétique où l'idéal révolutionnaire stimule la créativité des architectes. En Allemagne, certaines villes dont la municipalité est socialiste développent des constructions populaires bon marché ; Francfort fait appel à Ernst May qui vient du Bauhaus : il réalise des zones résidentielles rationnelles où il tente de faire la liaison entre l'utopie d'avant-garde et le réalisme d'une gestion démocratique. Les appartements sont orientés vers le soleil et la verdure, les toits sont plats et non pentus. Mais l'expérience tourne court : les loyers se révélant, à la longue, trop élevés pour les ouvriers, on réduit la surface des appartements au "minimum vital" et on construit en hauteur pour gagner de la place. Aux Etats-Unis, où des architectes révolutionnaires comme Frank Lloyd Wright et les gratte-ciel, construits à la fin du

Living Room, *par René Herbst (Exposition internationale des Arts décoratifs, Paris, 1925). La rigueur des lignes et le dépouillement des matériaux caractérisent le nouveau style. On utilise également les couleurs neutres, le noir et le blanc et on simplifie la décoration.*
Bibliothèque des Arts décoratifs, Paris. Ph © J.-L. Charmet/D.R.

siècle dernier, ont déjà transformé le paysage urbain, certains éléments d'Art déco sont intégrés aux grands ensembles de Floride ou des faubourgs de New York, avec des applications en relief, des motifs géométriques, des verrières.

L'union de l'art et de la technique

Mais l'entreprise qui marquera sans conteste les recherches dans ce temps-là est le Bauhaus, dont les membres vont exercer une influence sur l'avant-garde européenne, puis plus tard en Amérique, lorsque, à l'avènement du nazisme, ils devront y émigrer. Fondée à Weimar par l'architecte berlinois Walter Gropius, cette école a pour originalité de rassembler des représentants de toutes les disciplines, venus de pays différents et qui jouissent d'un statut rigoureusement égalitaire. L'architecture, la peinture, le dessin, l'artisanat du meuble, de la verrerie, du bijou coexistent dans le but d'améliorer la vie des masses par la production d'objets quotidiens pour l'homme nouveau.

Le Bauhaus se propose d'abolir les frontières entre l'art et la technique. Il multiplie les expériences en faisant collaborer artistes et artisans.

De nombreuses personnalités prestigieuses vont s'y succéder pour des durées variables : des peintres — Kandinsky, Klee, Oskar Kokoschka —, des architectes — Le Corbusier, Mies van der Rohe —, des photographes comme Moholy-Nagy, des chorégraphes, des décorateurs de théâtre, des graphistes, des typographes, des artisans du bois, du tissu, de la pierre. Le Bauhaus est une pépinière de talents, d'anticonformisme et d'utopie, la production des objets étant conçue comme inséparable de leur rôle social et, en particulier, des conceptions socialisantes des participants. L'Allemagne est en partie détruite, et les ouvriers vivent alors dans des conditions d'hygiène déplorables. C'est pour remédier à ce problème que les créateurs du Bauhaus ont réfléchi sur les questions d'urbanisme et d'habitats collectifs. Ce qui n'empêche pas certains d'entre eux de construire des maisons d'avant-garde pour de riches particuliers.

Le Bauhaus entend abolir la distinction entre art et industrie, révéler la beauté des matériaux industriels et du machinisme, construire des espaces adaptés aux besoins humains, faire fi de la traditionnelle séparation entre la théorie et la pratique, réunir l'art et la technique en une nouvelle unité. En somme, construire des mai-

sons fonctionnelles comme des usines et des usines belles comme des maisons. Les différentes disciplines collaborent à la construction d'un objet commun où tout est d'égale importance. Ils utilisent le mur de verre qui donne de la transparence aussi bien pour une usine de chaussures que pour l'appartement d'un grand industriel ou les habitations à bon marché des cités ouvrières. Ils mettent à l'honneur les collages, les fantaisies typographiques, les formes géométriques, le montage photographique.

En 1928, Gropius démissionne, remplacé par Hannes Meyer, qui sera lui-même suivi de Mies van der Rohe, et l'école déménage à Dessau puis à Berlin, où elle fera l'objet d'attaques virulentes de la part des nazis ; ils la feront fermer en 1932 sous l'accusation d'être un foyer d'"art dégénéré judéo-bolchevique".

Programme d'habitations collectives, à Vienne (1923-1924). Les urbanistes sont guidés par le désir de créer aussi bien des habitations originales pour de riches particuliers que des logements sociaux, fonctionnels et agréables, pour les moins favorisés. Leurs préoccupations sont esthétiques et sociales à la fois.
Ph © A.K.G., Berlin

Les architectes russes, entre utopie et réalité

En URSS, la révolution est un symbole de liberté et de création, et l'architecture n'échappe pas à l'élan d'enthousiasme qui anime les artistes, d'autant plus que les questions d'urbanisme rejoignent les grands rêves d'élaboration d'une société sans classes. L'habitat, ses conditions et sa structure ont, dans ce cadre, un rôle fondamental à jouer. L'architecte se doit de participer à la gestion de la nouvelle société, car la construction de l'habitat doit devenir le "condensateur de la culture socialiste". A homme nouveau, cadre nouveau ; l'homme ancien était individualiste et égocentrique, le nouveau partagera son temps entre la production, l'étude, les sports et le militantisme. Le logement bourgeois, reflet du capitalisme, doit être éliminé, et c'est aux architectes de créer les conditions d'épanouissement de l'homme nouveau, car la transformation du cadre de vie entraînera la transformation de l'homme ; l'urbanisme a une fonction éducative.

Dans cette perspective, deux types de recherches sont particulièrement urgents : les clubs ouvriers et le logement individuel. Les clubs sont des centres de diffusion et de création culturelles comportant des équipements com-

LE BAUHAUS : LES ARTISTES SONT DES ARTISANS

Centre de création collective mais aussi d'enseignement esthétique et technique, le Bauhaus se donne pour but de "rétablir l'harmonie entre les différentes activités de l'art, entre toutes les disciplines artisanales, et les rendre solidaires d'une conception nouvelle de construire". Voici des extraits de son Programme, écrit en 1919 par son fondateur, l'architecte Walter Gropius :

"Le but final de toute activité plastique est la construction ! Décorer celle-ci fut jadis la tâche la plus noble des arts plastiques, ils appartenaient indéfectiblement aux parties constitutives du grand art de bâtir. Aujourd'hui, ils se complaisent dans une autonomie dont seules, de nouveau, peuvent sortir la collaboration et l'activité concertée des représentants de tous les corps de métiers.

Architectes, peintres et sculpteurs doivent réapprendre à connaître et à comprendre la mise en forme complexe de la construction dans son ensemble et dans ses éléments : alors leurs œuvres seront elles-mêmes de nouveau remplies de l'esprit architectonique qu'elles ont perdu dans l'art de salon. (...) Architectes, sculpteurs, peintres, tous nous devons revenir au métier manuel ! Car il n'y a aucun "art de profession". Il n'y a pas de différence fondamentale entre l'artiste et l'artisan. (...) Formons donc une nouvelle corporation d'artisans où n'existerait plus l'arrogance qui a conduit à des classes séparées et par laquelle un mur hautain a été dressé entre artisans et artistes ! Ayons la volonté, concevons et réalisons en commun la nouvelle construction de l'avenir qui unira tout, architecture, sculpture et peinture en une seule forme et qui, des millions de mains d'artisans, s'élèvera un jour vers le ciel, symbole de cristal d'une foi nouvelle à venir." ■

Lampes de K. J. Jucher et Wilhelm Wapenfeld.
Ph © Bauhaus-Archiv, Berlin

N. *I. Altmann : esquisse de décor pour le bâtiment de la bourse, dans la mise en scène de masse* Vers une commune mondiale, *à l'occasion des fêtes en l'honneur du II*e *Congrès de la III*e *Internationale (Petrograd, 19 juillet 1920).*
Ph © X-D.R.

plets (salles de spectacle, d'exposition, bibliothèque, etc.) ; de formes simples et nettes, ils ont la particularité d'offrir des espaces polyvalents et divisibles s'adaptant aux diverses fonctions. Mais ce sont surtout les projets de logement individuel qui, tenant compte de l'énorme demande due aux destructions de la guerre, suscitent l'imagination des créateurs. Pour pallier les besoins d'une population entassée dans des appartements vétustes ainsi que la crise de logement endémique du pays, ils inventent le principe de la cellule type qui permettra à une famille de vivre dans un espace réduit mais néanmoins équivalent à celui d'un appartement traditionnel, grâce à une circulation verticale et horizontale ; de plus, ils prévoient des équipements collectifs destinés à gagner de la place, à développer le sens communautaire chez les habitants et à décharger les femmes des tâches familiales en intégrant crèches, écoles, cantines collectives afin de leur permettre de s'épanouir dans des activités culturelles. Seuls quelques-uns de ces projets vont être réalisés qui, faute de moyens, deviennent essentiellement des foyers ouvriers au rabais.

La supercollectivisation voulue par les architectes est une uto-

pie qui, d'ailleurs, rencontre l'opposition des principaux intéressés, les habitants eux-mêmes. Les architectes n'échapperont pas, comme les écrivains et les artistes, à la critique et à la polémique menées par les éléments conservateurs qui sont en pleine ascension dans les appareils de décision : on les accuse de formalisme, d'esthétisme et de manque de réalisme. De plus, la pauvreté du pays, le primat de l'industrie lourde sur les biens de consommation relèguent les grandes idées utopiques aux oubliettes, et la plupart des projets restent à l'état d'esquisses ou de maquettes.

Au début des années trente, le réalisme reprend le dessus dans les instances décisionnaires ; les constructions utilitaires de mauvaise qualité prolifèrent auprès des nouveaux complexes industriels, et les rêves des années vingt disparaissent définitivement dans le conformisme ambiant.

Cette exploration utopique de l'espace dans ses rapports avec les besoins humains va se trouver sacrifiée, comme en Allemagne nazie et dans l'Italie fasciste, au profit d'une architecture abstraite, massive, autoritaire, dont l'unique objet sera la glorification des régimes totalitaires et oppressifs.

Les idées des architectes soviétiques rejoignent les préoccupations des urbanistes les plus avancés de Berlin, avec lesquels ils sont toujours en rapport. Mais la plupart de leurs projets resteront à l'état d'esquisses et de maquettes. Ici, Cité Cinéma, *projet d'Anatole Kopp.*

Ph © X-D.R.

Conclusion

DANSE SUR UN VOLCAN

AVÈNEMENT DU FASCISME ITALIEN, CRISE ET MONTÉE DU NAZISME EN ALLEMAGNE, GLACIATION EN URSS, OBSESSION DU COMMUNISME AUX USA : LES ANNÉES FOLLES RECÈLENT DÉJÀ LES PRÉMICES DE LA TRAGÉDIE QUI MARQUERA LA DÉCENNIE SUIVANTE.

Les années vingt, sous des apparences faciles, recèlent la naissance d'événements qui vont dominer les décennies suivantes et se répercuter sur le monde entier puisqu'ils aboutiront à la Deuxième Guerre mondiale et aux régimes totalitaires les plus brutaux que ce siècle ait connus.

En Europe, révolutions, putschs, insurrections se succèdent, illustrant l'instabilité du continent ainsi que les profonds changements survenus dans les sociétés et dans les aspirations des peuples. La fin de la Grande Guerre a vu éclater la révolution russe de 1917 qui, pendant des décennies, va nourrir les espoirs de nombreux peuples ; elle a également vu se cristalliser l'hostilité de l'Allemagne envers ses vainqueurs, à cause de la dureté des clauses du traité de Versailles. En France, par contre, elle conforte l'opinion que l'Allemagne doit payer les réparations des dommages de guerre, et toutes les mesures d'atermoiement des gouvernements allemands sont ressenties comme une tromperie. En Italie, un mouvement autoritaire, le fascisme, prend les commandes de l'Etat par des méthodes d'intimidation violentes et élimine toute opposition démocratique. Un obscur peintre en bâtiment viennois nommé Hitler s'en souviendra, dix ans plus tard, pour instaurer son pouvoir et imposer son idéologie.

New York, 1929 : la foule aux abords de Wall Street.
La spéculation effrénée va entraîner un effondrement dramatique et brutal de la Bourse de New York. Des milliers de rentiers sont ruinés, des fortunes s'écroulent en quelques heures ; c'est le début des années noires pour l'Amérique et pour le monde.
Ph © L'illustration/Sygma

L'Allemagne dans la tourmente

Surgie des décombres de la guerre et de l'Empire, la République de Weimar doit affronter une crise économique

Le 28 octobre 1922, Mussolini, à la tête du parti fasciste, appelle ses troupes à marcher sur Rome pour exiger le pouvoir. De Pérouse, Florence, Sienne, 60 000 fascistes affluent vers la capitale sans rencontrer la moindre opposition. Le roi cède et confie au futur Duce la charge de constituer le gouvernement.
Ph © Arch. Giunti

latente qui se traduit par une crise sociale générale. Elle doit aussi faire face à des insurrections armées, de gauche comme de droite : la tentative révolutionnaire des spartakistes qui se termine par l'assassinat de leurs deux principaux leaders par les corps francs, Rosa Luxemburg et Karl Liebknecht ; l'agitation séparatiste en Bavière ; le putsch manqué de Hitler à Munich ; enfin, les affrontements de plus en plus durs entre extrême gauche et extrême droite, qui se livrent à de véritables batailles de rues. Dès 1924 en effet, Hitler développe aux côtés du parti national-socialiste les sections d'assaut (SA), chargées d'intimider, de décourager et même d'éliminer physiquement ses adversaires. Dans son livre *Mein Kampf* (1924-1925), il a déjà exposé l'idéologie de son mouvement, exaltation de la Grande Allemagne, revendication territoriale, rejet des éléments dits “étrangers” à la véritable culture nationale, retour à la nature, etc. Mais si tous ces éléments idéologiques ne sont pas encore acceptés, ils s'introduisent insidieusement dans les mentalités à la faveur des difficultés économiques, du sentiment de frustration et d'abandon que ressent la grande masse des gens, face à une inflation galopante, au chômage croissant — malgré une reprise économique en 1925 — et à l'insécurité de l'emploi. Les principales victimes de l'inflation vertigineuse qui ravage la vie quotidienne sont, en effet, les membres de la petite et moyenne bourgeoisie, les rentiers, les retraités, les salariés, qui voient leur pouvoir d'achat s'amenuiser dramatiquement chaque jour et sont menacés de prolétarisation. Un film du réalisateur Murnau, *Le dernier des hommes* (1924), illustre la cruauté du sort d'un employé de grand hôtel qui, renvoyé, humilié, devient le prototype des centaines de milliers d'Allemands pleins de rancœur et d'amertume, frappés par l'instabilité économique, l'incertitude du lendemain. Si une petite partie d'entre eux nourrit les rangs du jeune parti communiste et lutte les yeux fixés sur la Russie bolchevique, modèle d'une société future, la grande majorité se ralliera aux promesses grandilo-

Proklamation
an das deutsche Volk!
Die Regierung der November-verbrecher in Berlin ist heute für abgesetzt erklärt worden.
Eine provisorische deutsche Nationalregierung ist gebildet worden, diese besteht aus
Gen. Ludendorff
Ad. Hitler, Gen. v. Lossow
Obst. v. Seisser

Proclamation des artisans du putsch manqué annonçant la constitution d'un nouveau gouvernement national.
Ph © A.K.G., Berlin

LE PUTSCH DE MUNICH (8 NOVEMBRE 1923)

Le 2 septembre 1923 à Nuremberg, un agitateur d'origine autrichienne, Adolf Hitler, parle devant 70 000 manifestants enthousiastes, des vétérans de la Première Guerre mondiale ; ses thèmes : l'injustice du traité de Versailles, les juifs, les marxistes, les francs-maçons, les bolcheviks. Deux mois plus tard, dans la brasserie de la *Bürgenbraü Keller* à Munich, il organise un complot pour marcher sur Berlin. Soutenu par les conservateurs, qui cultivent la haine de la république et rêvent de rétablir les Hohenzollern, il tente de rallier certains généraux, mais à la dernière minute ceux-ci se récusent. Hitler et ses acolytes — Goering, Rosenberg, Hess et les SA — se heurtent à la police : quatorze tués et une centaine de blessés terminent l'échauffourée. Arrêté, Hitler utilise son procès pour diffuser ses idées d'un Grand Reich. Condamné à cinq ans de prison, il n'y restera que huit mois (février-décembre 1924), dont il profitera pour écrire *Mein Kampf*. Le 27 février 1925, toujours à Munich, Hitler reconstitue son parti, la NSDAP (*National-sozialistische Deutsche Arbeiterpartei*), auquel il assigne désormais le but de conquérir le pouvoir par les voies légales. ■

Hitler lors du troisième anniversaire de la NSDAP, en 1927.
Ph © B.P.K., Berlin

L'inflation est le cancer de l'époque. En Allemagne, les enfants jouent avec des paquets de billets sans valeur, les ménagères font leurs courses avec des paniers entiers remplis de billets. Un pain coûte un million de marks. Déboussolé, le pays ne sait plus à quel saint se vouer. Le nazisme y pourvoira.
Ph © A.K.G., Berlin

quentes et fallacieuses vociférées par le chef du parti nazi qui grossit chaque jour davantage. Sa propagande qui, dans une habile ambiguïté, se dit révolutionnaire, touche un public indigné de voir que certaines couches sociales élevées profitent de la montée des prix, et que si la rationalisation de l'industrie engendre chômage et fermetures d'usines, elle n'empêche pas, au contraire, des profits et des enrichissements spectaculaires. En 1929, le nombre officiel de chômeurs s'élève à 2 millions ; socialistes et communistes sont mal armés pour combattre les troupes nazies qui font régner la terreur, et le *Reichstag* se montre impuissant. En 1930, profitant de la débâcle provoquée par la crise de 1929 et de l'incapacité de l'Etat à l'enrayer, le parti nazi passe de 81 000 voix à 6,4 millions ; deux ans plus tard, il cueillera le pouvoir à la faveur d'élections légales, amorçant une période de bruit et de fureur qui va ensanglanter le monde et ranger l'Allemagne au ban des nations.

Les années tragiques

Mais cet événement ne semble pas encore émouvoir outre mesure les capitales et l'intelligentsia européennes. L'afflux des intellectuels, artistes, militants, juifs et non-juifs à Paris, leurs mises en garde, leurs cris d'alarme ne troublent pas les Parisiens, qui continuent à danser le charleston dans une stabilité trompeuse. Ils ne se préoccupent pas davantage de ce qui se passe au-delà des Alpes, où un ancien socialiste, Benito Mussolini, a fondé le parti fasciste en 1919.

Profitant du trouble où le pays était plongé après la guerre — grèves en série, occupations d'usines et de terres —, il s'est peu à peu rendu maître de régions entières du pays. Les militants fascistes attaquent les organisations syndicales, les coopératives, incendient les journaux de gauche, mènent des expéditions punitives contre les opposants. Le 22 octobre 1922, Mussolini déclenche une marche sur Rome qui, ne rencontrant aucune résistance de la part de l'armée et de la police, l'amène au pouvoir. L'Italie voit alors s'instaurer un régime autoritaire ; le Parlement est muselé. Les antifascistes, et particulièrement les communistes, sont traqués, chassés de leurs emplois, emprisonnés, soumis à des juridictions spéciales ou assassinés. Certains s'exilent, dans les pays voisins, en Russie, ou bien entrent dans la clandestinité, pour être parfois arrêtés et emprisonnés, comme le théoricien marxiste Antonio Gramsci. Le pays, comme l'Allemagne, résonnera des bruits de bottes, et la jeunesse, embrigadée dès l'école, sera façonnée par les slogans du régime.

En Union soviétique s'amorce la période noire du stalinisme. Trotski, banni par Staline, trouve refuge avec sa femme au Mexique, après maintes tribulations. Mais la haine du dictateur ne désarme pas ; en 1942, il le fera assassiner par l'un de ses agents qui s'était introduit dans l'intimité de la famille.
Ph © Coll. Viollet

En Union soviétique s'amorce le tournant de la glaciation. L'avant-garde intellectuelle est muselée, les différentes fractions se disputent le pouvoir et les grands règlements de compte commencent. Trotski banni par Staline arrive en France ; après lui, Kamenev, Zinoviev et Boukharine sont éliminés ; c'est la période noire du stalinisme qui commence. Mais à l'extérieur du pays, malgré l'admiration que les intellectuels français portent à Trotski, la foi en l'URSS est intacte et beaucoup rejoignent le parti communiste fondé en 1920 à Tours. Les années trente verront se développer les adhésions et les critiques, amplifiées par la montée du nazisme triomphant.

Les Etats-Unis sont obsédés par la crainte du communisme ; un vote du Congrès autorise le département de la Justice à expulser tout étranger soupçonné de sympathie envers ces idées, et tout citoyen qui critique le gouvernement est suspecté d'être “rouge”. Dans ce climat d'intolérance éclate le procès de deux anarchistes d'origine italienne, Sacco et Vanzetti, accusés d'attaque contre des encaisseurs de fonds et condamnés à mort sans preuves irréfutables. Un immense mouvement d'opinion en leur faveur se développe en Amérique et en Europe, qui n'empêchera pas cependant leur exécution, le 22 août 1927. Le Ku Klux Klan, organisation qui poursuit les Noirs, les juifs, les catholiques et les étrangers en général, sème la terreur dans certains Etats et exerce un pouvoir malfaisant sur la vie politique et les affaires. Par ailleurs, la loi sur la prohibition de l'alcool votée en 1919 a développé une foule de *bootleggers*, vendeurs, revendeurs, clubs et endroits clandestins où l'alcool se vend ou se fabrique à prix d'or, provoquant de sanglants règlements de compte entre bandes rivales ; le racket, le chantage, les enlèvements et toutes sortes de crimes gangrènent la vie sociale et politique ; la corruption s'installe dans les institutions de police et de justice ; des fortunes énormes se construisent sur ce trafic ; la spéculation boursière fait rage. L'argent facilement gagné contraste avec des zones de grande pauvreté, dont Charlie Chaplin donne des images inoubliables dans ses films.

Le 28 octobre 1929, Jeudi noir. La spéculation boursière, la surproduction d'une économie en surchauffe,

LA SOCIÉTÉ DES NATIONS ET L'UTOPIE DE LA PAIX

Après les atrocités de la Première Guerre mondiale, les aspirations pacifistes furent très fortes dans certains pays comme la France et les USA. C'est dans ce contexte que fut créée, à l'instigation du président Wilson, la Société des Nations, organisation internationale vouée à maintenir la paix mondiale et à développer la coopération entre les peuples. Elle naquit officiellement lors de l'entrée en vigueur du traité de Versailles, le 10 janvier 1920. La paix connut alors en Europe des années favorables avec le rapprochement franco-allemand sous l'égide d'Aristide Briand et de Gustav Streseman, tous deux ministres des Affaires étrangères. Ce rapprochement amena la conclusion des accords de Locarno en 1925, qui réaffirmaient l'inviolabilité des frontières issues du traité de Versailles, puis celle du pacte Briand-Kellog en 1928, où les anciens pays belligérants déclaraient solennellement la guerre hors la loi. Entre-temps, l'Allemagne avait réintégré le concert des nations, en faisant son entrée officielle à la Société des Nations (septembre 1926). Mais tous ces efforts de normalisation des relations européennes se trouvèrent bientôt ruinés par la progression du nazisme. En 1933, Hitler faisait sortir l'Allemagne de la SDN ; deux ans plus tard, il dénonçait les accords de Locarno et annonçait la remilitarisation de la Rhénanie. Après avoir suscité de grandes espérances, la Société des Nations assistait, impuissante, à cette nouvelle montée vers la guerre. Elle ne disparut officiellement qu'en avril 1946, ayant transmis ses fonctions à l'Organisation des Nations Unies. ■

l'appauvrissement des petits Blancs, qui ne peuvent plus consommer, acheter les automobiles et les réfrigérateurs vantés obstinément par la publicité, provoquent un effondrement brutal du marché. En quelques heures, des millions de petits épargnants sont ruinés ; des fortunes s'écroulent, des gens ayant tout perdu se suicident. C'est la crise. On verra alors sur les routes des paysans chassés de leurs terres, des ouvriers sans travail, des familles misérables mendier ; dur réveil pour la nation qui était la plus puissante du monde. Avec un peu de retard, la crise va atteindre par vagues successives l'Europe.

Ainsi se mettent en place les éléments de la tragédie qui va commencer dans les années trente. Les années folles sont terminées, le monde entre dans une période d'inquiétude et d'incertitude. L'insouciance des années vingt est bien finie. Les femmes qui avaient cru conquérir une liberté irréversible se trouveront, du fait de la crise économique, renvoyées dans leur foyer ; on les y encourage fermement. Ceux qui avaient dansé, bu, voyagé pendant ces dix années, comprirent que ces temps étaient finis. Une autre folie s'annonçait, qui allait quelques années plus tard mettre le monde à feu et à sang.

La couverture de cette brochure, intitulée Les derniers jours *et publiée en 1928 par l'Association internationale des Etudiants de la Bible de Brooklyn, se veut annonciatrice de la grande crise qui va secouer le monde un an plus tard. Les années insouciantes s'achèvent ainsi dans la misère, le chômage, l'incertitude. Pour beaucoup, le réveil est dur ; la suite le sera plus encore. La Deuxième Guerre mondiale dépassera en horreur ce que la "der des der" avait révélé de violence et de mort.*

Ph © J.-L. Charmet

— Abastardo Claude, *Introduction au surréalisme*, Bordas, Paris, 1986.
— Alquié Ferdinand, *Philosophie du surréalisme*, Flammarion, Paris, 1955.
— Benstock Shari, *Femmes de la rive gauche, Paris 1900-1940*, Des Femmes, Paris, 1987.
— Borde R., Buache F. et Courtade F., *Le cinéma réaliste allemand*, Serdoc, 1965.
— Carrouges Michel, *André Breton et les données fondamentales du surréalisme*, Gallimard, Paris, 1960.
— Chastenet Jacques, *Quand le bœuf montait sur le toit*, Fayard, Paris, 1958.
— Chesniaux-Gendron Janine, *Le surréalisme et le roman, 1920-1950*, L'Age d'Homme, Lausanne, 1983.
— Colin Paul, *La Croûte*, La Table Ronde, Paris, 1957.
— Collomb Michel, *La littérature Art déco*, Meridien-Klincksieck, 1987.
— Crespelle Jean-Paul, *La vie quotidienne à Montparnasse à la grande époque,1905-1930*, Hachette, Paris, 1976.
— Daix Pierre, *La vie quotidienne des surréalistes*, Hachette, Paris, 1993.
— Desanti Dominique, *La femme au temps des Années folles*, Stock, Paris, 1976.
— Duby Georges, Perrot Michèle, *Histoire des femmes, le XXe siècle*, Plon, Paris, 1991.
— Eisner Lotte H., *L'Ecran démoniaque*, Eric Losfeld, Paris, 1965.
— Gold Arthur et Fizdale Robert, *Misia : la vie de Misia Sert*, Folio, Gallimard, Paris, 1992.
— Guilleminault Gilbert, *Les Années folles 18-30*, Denoël, Paris ; *Les Princes des Années folles*, Plon, Paris, 1970.
— Kracauer Siegfried, *De Caligari à Hitler*, L'Age d'Homme, Lausanne, 1973.
— Malson Lucien et Bellest Christian, *Le Jazz*, Que sais-je ?, PUF, Paris, 1992.
— Monnier Adrienne, *Rue de l'Odéon*, Albin Michel, Paris, 1968.
— Nadeau Maurice, *Histoire du surréalisme*, Le Seuil, Paris, 1964.
— Neret Gilles, *L'art des années 20*, Le Seuil, Paris, 1986.
— Passeron Robert, *Histoire de la peinture surréaliste*, Livre de Poche, Paris, 1968.
— Pierre André, *Les femmes en Union soviétique*, SPES, 1960.
— Robert Marthe, *La révolution psychanalytique : la vie et l'œuvre de Sigmund Freud*, Payot, Paris, 1989.
— Sachs Maurice, *La décade de l'illusion*, Gallimard, Paris, 1950 ; *Au temps du bœuf sur le toit*, Grasset, Paris, 1987.
— Sanouillet Michel, *Dada à Paris*, Flammarion, Paris, 1993.
— Stein Gertrude, *The autobiography of Alice B. Toklas*, Harcourt, New York, 1933.
— Stora Judith, *Marxisme et révolution sexuelle*, Maspéro, Paris, 1973.
— Thebaud Françoise, *La femme au temps de la guerre de 14*, Stock, Paris, 1986.
— Waldberg Patrick, *Le surréalisme*, Skira, Genève, 1962.
— Weiss Louise, *Ce que femme veut*, Gallimard, Paris, 1946.

1916 **8 février** Naissance à Zurich du mouvement dada.

1918 *Manifeste dada* de Tzara, à Zurich.

1919 **19 janvier** Droit de vote aux femmes allemandes, utilisé pour la première fois à l'occasion des élections à l'Assemblée constituante de la République de Weimar qui leur accordera l'égalité civique.
A partir de **février**, jusqu'en 1923, les premières grandes compagnies aériennes jettent les bases de leurs réseaux (BAT en Grande-Bretagne, KLM aux Pays-Bas, SABENA en Belgique, Messageries aériennes, Bréguet en France).
28 avril Création de la SDN.
27 août Décret de nationalisation du cinéma soviétique, par Lénine.
20 octobre Prohibition de l'alcool aux USA.
10 décembre Le prix Goncourt est attribué à Marcel Proust pour *A l'ombre des jeunes filles en fleurs.*

1920 **25 janvier** Mort de Modigliani.
Mars Les *ready made* de Marcel Duchamp.
5 août *Manifeste réaliste* de Gabo et Pevsner à Moscou.
28 août Vote des femmes aux USA.

1921 **18 juin** *Les Mariés de la tour Eiffel* de Cocteau et le groupe des Six.
1er décembre Procès de Landru.
10 décembre Anatole France reçoit le prix Nobel de Littérature.
Six personnages en quête d'auteur de Pirandello (1re en France le **10 avril 23**).
Folies de femmes (*Foolish Wives*) d'Erich von Stroheim.
Prix Nobel de physique à Einstein (attribué le **10/12/22** pour l'année 1921 en même temps que celui de Bohr pour 1922).

1922 **28 octobre** Marche sur Rome de Mussolini.
18 novembre Mort de Marcel Proust.
10 décembre Prix Nobel de physique à Niels Bohr.
La Garçonne de Victor Margueritte.
Ulysse de James Joyce.
Chagall quitte l'URSS pour Berlin.

1923 **8-9 novembre** Putsch manqué de Munich.
12 décembre Mort de Raymond Radiguet.
Chagall quitte Berlin pour la France.
Première liaison aérienne Casablanca-Dakar.
Premier numéro de la *Revue surréaliste.*
Hitler écrit *Mein Kampf* en prison, où il passe 13 mois au lieu de 5 ans (tome I publié en 1925, tome II en 1926).
Le Diable au corps de Raymond Radiguet.

1924 **21 janvier** Mort de Lénine.
12 février *Rhapsody in Blue* de George Gershwin.
6 avril Mussolini remporte les élections.
3 juin Mort de Kafka.
10 juin Assassinat du député socialiste Matteoti.
20 octobre *La Création du monde*, de Darius Milhaud (présenté par les Ballets suédois), avec Honegger, Picabia, Léger, Picasso.
Ciné-Œil de Dziga Vertov.

Premier *Manifeste surréaliste* d'André Breton.
Le Libertinage de Louis Aragon.
Mourir de ne pas mourir de Paul Eluard.
La Montagne magique de Thomas Mann.
Futurisme et fascisme de Marinetti.
Le Ballet mécanique, film de Fernand Léger.

1925
29 avril Exposition des Arts décoratifs et industriels modernes à Paris.
16 août Première aux Etats-Unis du film de Charlie Chaplin, *La Ruée vers l'or.*
7 octobre A Paris, grand succès de la *Revue Nègre* avec Joséphine Baker.
14 novembre Première exposition surréaliste à la galerie Pierre Loeb, à Paris.
14 décembre *Wozzeck* d'Alban Berg à l'opéra de Berlin.
21 décembre Première à Moscou du film *Le Cuirassé Potemkine* d'Eisenstein.
Manhattan Transfer de John Dos Passos.
Les faux-monnayeurs d'André Gide.
The great Gatsby de Fitzgerald.

1926
10 janvier Présentation du film *Metropolis* de Fritz Lang, à Berlin.
23 août Mort de Rudolph Valentino à New York.
8 septembre L'Allemagne est admise à la SDN.
Gatsby le Magnifique, Paris.
Freud, *La Science des rêves* (*Die Traumdeutung*, 1900) traduit par P. Meyerson, Paris.
Le paysan de Paris de Louis Aragon.
La tentation de l'Occident d'André Malraux.
Capitale de la douleur de Paul Eluard.

1927
7 avril A l'Opéra de Paris, présentation sur triple écran du film d'Abel Gance, *Napoléon* (version muette).
20 mai Lindbergh réussit le trajet New York - Paris en solitaire et sans escale.
6 juillet Naissance du Cartel des Quatre, à Paris.
23 août Exécution de Sacco et Vanzetti, à 5h40, à Boston.
6 octobre Aux Etats-Unis, *The Jazz Singer* (*Le chanteur de jazz*) d'Alan Crosland, premier film parlant.
Adhésion de Breton et Aragon au Parti communiste français.

1928
10 janvier Trotski est banni de Moscou. Il sera expulsé d'URSS en janvier 29.
20 avril Sortie du film de Carl Dreyer, *La Passion de Jeanne d'Arc.*
31 août Première à Berlin de *L'Opéra de quat'sous*, de Bertolt Brecht et Kurt Weill.
Nadja de Breton.
Les Conquérants d'André Malraux.

1929
31 janvier Parution à Berlin de l'ouvrage d'Erich Maria Remarque *A l'ouest rien de nouveau*, (film 1930).
19 août Mort de Diaghilev.
1er octobre A Paris, première projection du film de Buñuel et Dalí, *Un Chien andalou.*
24 octobre "Jeudi noir" à la Bourse de New York, début de la Grande Dépression.
20 novembre Première exposition Dalí, présentée à Paris par André Breton.
L'homme à la caméra de Dziga Vertov.
Exposition surréaliste à Zurich.
Démission de Lounatcharski, Commissaire du peuple à la Culture et l'Education en URSS.

Les chiffres en romain renvoient au texte courant, les chiffres en *italique* aux légendes, les chiffres en **gras** aux documents.

1 **L**es conflits du Proche-Orient
François Massoulié

2 **M**ussolini et l'Italie fasciste
Marco Palla

3 **M**ao et la révolution chinoise
Yves Chevrier

4 **P**ancho Villa et la révolution mexicaine
Manuel Plana

5 **Q**uestions sur la Seconde Guerre mondiale
Marc Ferro

6 **L**'ère atomique
Roberto Maiocchi

7 **L**a révolution russe
Antonella Salomoni

8 **L**a Première Guerre mondiale
Mario Isnenghi

9 **L**es années folles
Annie Goldmann

10 **L**es enjeux du sport
Stefano Pivato

11 **L**es Fronts populaires
Janine Mossuz-Lavau — Henri Rey

12 **H**itler et le nazisme
Enzo Collotti

13 **V**ie et mort du bloc soviétique
Georges Mink

14 **L**e terrorisme international
Luigi Bonanate

Imprimé en Italie par Giunti Industrie Grafiche S.p.A. – Stabilimento di Prato, juillet 1994